Denise - Janvier 2021

RESCAPÉE DU
GOULAG CHINOIS

Gulbahar Haitiwaji
Rozenn Morgat

RESCAPÉE DU GOULAG CHINOIS

ÉQUATEURS

ISBN 978-2-84990-823-5.

Dépôt légal : janvier 2021.

170 *bis*, boulevard du Montparnasse, 75014 Paris.

contact@editionsdesequateurs.fr
www.editionsdesequateurs.fr

À tous ceux qui n'ont pu en réchapper.

À Fanny, Gaétane et Lucile, des femmes libres.

« Grâce à la formation professionnelle[1], les élèves ont pu réfléchir à leurs erreurs et saisir l'essence et les méfaits du terrorisme et de l'extrémisme. Ils ont amélioré leur conscience nationale, leur conscience civile, leur conscience de l'État de droit et ont adhéré à la communauté de la nation chinoise. Ils distinguent mieux le bien du mal et résistent désormais à la pensée extrémiste. [...] Ils ont confiance en l'avenir[2]. »

« Personne ne peut empêcher le Xinjiang d'avancer vers la stabilité, le développement et la prospérité[3]. »

1. Les camps de rééducation chinois au Xinjiang.

2. Extrait d'un entretien de Shohrat Zakir, président de la région autonome du Xinjiang et chef adjoint du Parti communiste chinois au Xinjiang, à l'agence de presse Xinhua, le 16 octobre 2018.

3. Shohrat Zakir, président de la région autonome du Xinjiang, lors d'une conférence de presse sur le Xinjiang tenue par le Bureau d'information du Conseil d'État à Pékin, le 9 décembre 2019.

Carte de la région autonome ouïghoure du Xinjiang.

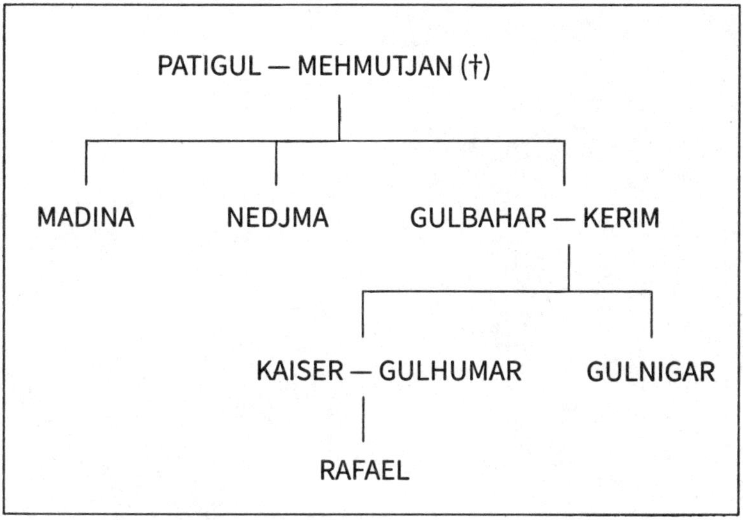

Arbre généalogique de la famille de Gulbahar.

Avant-propos

Gulbahar a survécu à la déportation. Elle a enduré des centaines d'heures d'interrogatoires, la torture, la malnutrition, la violence des policiers, le bourrage de crâne. Sur la base d'une photo de sa fille dans une manifestation de la diaspora ouïghoure à Paris, la Chine l'a condamnée à sept ans de camp de rééducation au terme d'un procès qui a duré neuf minutes et qui s'est tenu au bout d'un an de détention, sans l'ombre d'un juge ni d'un avocat. Seule dans le box des accusés, face à trois policiers. Après avoir longtemps cru qu'elle serait exécutée, la certitude qu'elle mourrait dans un goulag du Xinjiang l'a alors envahie. Personne, ni la France, où elle vivait en exil depuis dix ans, ni ses filles et son mari, Gulhumar, Gulnigar et Kerim, tous trois réfugiés politiques là-bas, ne pourrait venir à son secours. Elle a cru que le piège dans lequel la Chine l'avait attirée se refermait pour toujours sur elle.

Dans son for intérieur, Gulbahar vivait écartelée : fallait-il témoigner à visage découvert ou rester dans l'anonymat pour protéger les siens ? Lors de nos discussions dans son appartement de Boulogne, prudente, elle semblait résignée à taire sa véritable identité.

Gulbahar est née dans une famille de Ouïghours installée depuis des générations au Xinjiang. Comme elle, ses ancêtres ont grandi sur cette terre de désert et d'oasis riche en pétrole, traversée pendant des siècles par de profonds troubles géopolitiques qui lui ont valu de connaître – hormis quelques brefs épisodes d'indépendance – de longues périodes d'annexion de la Chine. L'arrivée des communistes a abouti au rattachement du Xinjiang[1] à la République populaire de Chine en 1955 sous le nom de « région autonome du Xinjiang », ce qui signifie « nouvelle frontière » en mandarin. Depuis, ce gigantesque territoire (trois fois la superficie de la France) subit une colonisation en règle des Hans, l'ethnie majoritaire du pays. Au fur et à mesure du développement des raffineries, les villes se sont étendues sous les coups de pelleteuses chinoises, le rouge du communisme les a envahies avec force lampions, banderoles et drapeaux, et les Ouïghours ont commencé à subir, de petites intrusions en grandes discriminations, les prémices de ce qui aujourd'hui n'est autre qu'un génocide. Un jour de mai 2006, fatiguées de voir leurs perspectives d'avenir se réduire comme peau de chagrin, Gulbahar et sa famille sont parties s'installer en France.

Parce que les Ouïghours pratiquent un islam sunnite, que leur culture prend sa source dans des racines turciques et non chinoises et que la Chine les a absorbés tardivement, la frange séparatiste (minoritaire) de l'ethnie revendique son indépendance sous le drapeau bleu ciel du Turkestan oriental. En 2009, les émeutes d'Urümqi, où plusieurs centaines de Hans et de Ouïghours ont péri, ont

1. Le Xinjiang est aussi appelé Turkestan oriental par les Ouïghours séparatistes.

fait basculer la région dans une répression d'une violence inédite. Ses dirigeants l'ont dotée d'un impressionnant arsenal de surveillance et de contrôle: des armées de caméras usant de la reconnaissance faciale, des dispositifs policiers à tous les coins de rue et, à partir de 2017, des camps de rééducation. Dans le même temps, la région est devenue l'endroit le plus surveillé du monde et l'une des pièces maîtresses des « nouvelles routes de la soie » de Xi Jinping. Porte d'entrée vers l'Asie centrale, le Xinjiang partage ses frontières avec huit pays. Il est devenu un verrou stratégique pour le titanesque projet d'infrastructures visant à relier la Chine à l'Europe. Ceci est tout sauf une coïncidence. À ce jour, Amnesty International et le Human Rights Watch estiment que plus d'un million de Ouïghours sont ou ont été déportés dans ces camps. La Chine, elle, persiste à les désigner comme des « écoles » où les professeurs entendent « éradiquer le terrorisme islamiste » des esprits des Ouïghours.

Gulbahar n'a jamais nourri le moindre intérêt pour la politique de son pays. Elle le dit sans mépris, avec une pointe de fierté: quand elle évoque sa religion, elle parle d'un islam « de paix », d'un islam « modéré ». Elle n'est donc ni une indépendantiste ni une « terroriste islamiste ». Pourtant, elle aussi a été envoyée dans les camps. C'est là toute l'hypocrisie et la perversité du système concentrationnaire chinois qui cherche non pas à punir la minorité extrémiste ouïghoure mais à faire disparaître l'ethnie entière, y compris ses membres exilés à l'étranger comme Gulbahar.

Un matin de novembre 2016, Gulbahar a reçu un mystérieux appel en provenance du Xinjiang. Un employé de son ancienne entreprise lui demandait de revenir. « Pour des formalités administratives », « des papiers en vue de votre retraite anticipée », a-t-il précisé. Gulbahar ne s'est pas méfiée, pas assez. Quelques jours plus tard, elle atterrissait à Urümqi et son calvaire commençait : les autorités lui ont confisqué son passeport, l'ont jetée dans une maison d'arrêt puis, après des mois passés dans une cellule sans avoir été jugée, l'ont déportée dans un camp.

Là-bas, dans les camps, la rééducation a ceci de systématique qu'elle s'applique à détruire toutes ses victimes avec la même méthode. Elle commence par déposséder chacun de sa singularité. Elle prend votre nom, vos vêtements et vos cheveux. Ainsi, plus rien ne vous distingue des autres. Elle s'empare ensuite de votre corps en le soumettant à son rythme infernal : onze heures par jour, dans des classes sans fenêtres, où des professeurs vous font répéter inlassablement la gloire du Parti communiste. Si vous vous arrêtez, on vous punit. Alors, vous continuez à répéter jusqu'à ne plus rien ressentir, ne plus rien penser. Vous perdez la notion du temps. De l'heure d'abord, des jours ensuite.

Dans le salon de Boulogne, entourée de sa fille Gulhumar et de moi-même, Gulbahar revivait ces moments de vide. Elle se concentrait, les sourcils légèrement froncés, la mine grave. Qu'a-t-elle ressenti quand les gardes l'ont enchaînée vingt jours à son lit ? « Rien », me répondait-elle avec l'air inquiet d'une personne qui soupèse l'étrangeté de sa réponse. Quand on l'a fait monter dans un camion une nuit glacée de décembre, sans lui dire où on l'emmenait, Gulbahar a cru qu'on la fusillerait au milieu du désert enneigé. Et là, qu'a-t-elle ressenti ? Rien non plus. « À cet instant, j'étais déjà morte de l'intérieur. » Et quand on lui a annoncé sa libération ? « Je suis restée dos au garde, sur ma couchette. »

À mesure de sa « rééducation », ses émotions humaines s'en étaient allées. L'intimité de nos conversations l'aidait à les recouvrer. Sous le regard ému de sa fille, la principale actrice de sa libération, la traductrice de nos échanges, Gulbahar rejouait chaque scène de son drame. Elle prenait la grosse voix grave du chef des policiers ou celle, inquisitrice, du faux juge qui l'a condamnée. Quand les mots lui manquaient, elle se levait du canapé pour mimer la démarche encombrée que donnent les chaînes fixées aux chevilles ou celle, rigide, des défilés militaires. Elle déambulait de sa démarche martiale dans le salon, bien droite, les bras le long du corps. Elle pivotait vers nous, et partait d'un grand éclat de rire communicatif. « C'est ridicule, hein ? » On riait. En se moquant d'elle-même et de ceux qu'elle avait rencontrés, c'est toute la folie du système des camps qu'elle mettait au jour.

Quand elle m'a raconté ses aveux donnés sous la contrainte à la police, Gulbahar a été prise d'un fou rire incontrôlable. Oui, bien souvent, la dérision et le rire qui l'accompagne la délivraient de son traumatisme.

Mais on ne guérit pas comme ça de la rééducation. Outre des séquelles physiques irrémédiables, Gulbahar reste une femme hantée. Hantée par l'idée que la Chine, même si elle l'a libérée au terme d'âpres négociations avec le Quai d'Orsay, viendrait frapper aux portes de sa mère, de ses sœurs, de ses frères et de ses amis restés au Xinjiang. En dénonçant haut et fort les sirènes du Parti communiste chinois, la violence des policiers s'abattrait comme la foudre sur ceux qu'elle aime. Comme elle, ils seraient interrogés, emprisonnés, torturés, déportés. Comme elle, ils seraient traités de « criminels » et de « terroristes ». Comme elle, ils sombreraient dans les camps, perdant leur dignité humaine et avec elle, les souvenirs heureux, les souvenirs tout court, puis, petit à petit, l'envie de vivre. Non, elle ne voulait pas ça. Tout mais pas ça.

Un matin de septembre 2020, assise sur le canapé blanc de son appartement de Boulogne, Gulbahar s'est plongée dans les premières pages du livre. C'était un tout petit peu plus d'un an après sa libération, son arrivée à l'aéroport de Roissy, ses retrouvailles émouvantes avec Kerim, Gulhumar et Gulnigar. Au fil de sa lecture, cette vieille idée (celle d'afficher sa véritable identité dans le livre) lui est revenue. « Elle ne le dit pas encore, mais elle y réfléchit », m'écrivit sa fille. Quelques jours plus tard, Gulbahar avait fait son choix. « C'est mon histoire, je veux l'assumer jusqu'au bout. C'est mon devoir de Ouïghoure », a-t-elle dit. Elle voulait son vrai nom sur la couverture. Le risque qu'elle prend est immense. Nul ne peut commencer la lecture de son témoignage sans en avoir conscience.

Alors que la Chine, loin de freiner son entreprise concentrationnaire au Xinjiang, continue de déporter des Ouïghours dans des camps, alors qu'elle stérilise les femmes de l'ethnie et que ni l'ONU ni aucune délégation internationale n'ont pu à ce jour venir constater l'ampleur de ce génocide, Gulbahar, première rescapée libérée par la France, parle en leur nom dans ce livre. Qu'elle et sa fille Gulhumar en soient ici remerciées.

Rozenn Morgat.

Chapitre 1

Paris, 28 août 2016.

Ce soir-là, dans la chaleur étouffante de la fin du mois d'août, la fête fut magnifique. Sous les projecteurs, les conversations animées battaient leur plein. Les rires et le cliquetis de la vaisselle s'emmêlaient, formant une symphonie tumultueuse superposée à la mélodie des luths. Autour des chemins de table mauves envahis de bouquets de roses et d'hortensias, les convives se pressaient devant des salades de vermicelles multicolores, de grands tajines fumants et des corbeilles de samoussas, ces beignets de viande hachée et d'oignons.

Les mariages ouïghours ont ceci de particulier qu'on ne s'arrête ni de danser, ni de manger. Il ne faut manquer de rien. Toute la nuit, la musique enveloppe les conversations. On se lève de table pour se déhancher puis on se rassoit pour avaler un bol de *polo*[1] ou une tasse de thé. Jamais ma cuisine n'a autant ravi les convives. Ils étaient

1. Plat typique ouïghour composé d'agneau cuit dans de l'huile puis mélangé à du riz, des morceaux de carottes et d'oignons.

tous si élégants, sanglés ainsi dans des costumes sombres et des robes chatoyantes. En Chine, les Hans disent que les plus belles femmes du monde sont les Ouïghoures. Quand elles riaient, ce soir-là, leurs dents brillaient dans la pénombre, sous leurs pommettes hautes ; leurs paupières fendues, soulignées par un trait d'eye-liner, s'étiraient. L'une d'elles scintillait plus que les autres : Gulhumar, la mariée, ma fille. Il fallait la voir, corsetée ainsi dans sa robe blanche de satin et de tulle. Un rang de fines perles posé sur sa taille soulignait ses courbes harmonieuses. Sa masse de cheveux noirs relevés sur la nuque dévoilait des épaules rondes et droites ; un bustier savant épousait son décolleté et le creux de son dos. Ah, cette robe, elle nous avait donné du fil à retordre ! Je revois encore la mine boudeuse de Gulhumar dans le miroir de la pièce d'essayage, les poings posés sur les hanches. Les fanfreluches et les paillettes, ça n'a jamais été son truc.

Enfant, elle rêvait d'être un garçon. C'était son drame, son idée fixe, sa chimère. Elle s'appliquait à copier toutes les activités qui pouvaient l'en rapprocher. Rien ne pouvait l'arrêter. Ni les robes, ni les souliers en cuir et les rubans dans les cheveux.

La réception fut un vrai succès. Longtemps après, les convives ont murmuré que le mariage de Gulhumar était merveilleux. Aux Pays-Bas, en Norvège, en Suède... Partout où les Ouïghours exilés sur le continent ont trouvé refuge, on vantait la beauté de la mariée. Avec Kerim, mon mari, la chaleur de leurs compliments nous aurait presque fait oublier les grands absents de la cérémonie : nos familles restées au Xinjiang.

Le Xinjiang est le point de départ de cette histoire, l'histoire de notre famille, les Haitiwaji, mais aussi la mienne. Je m'appelle Gulbahar. Je suis née à Ghulja, au Xinjiang, le 24 décembre 1966.

Avant que la France ne nous accueille, nous vivions dans ce pays de cocagne dont il ne reste presque plus rien aujourd'hui. Là-bas, notre peuple subit la répression intraitable de la Chine depuis des décennies. Nous, les Ouïghours, sommes persécutés, enfermés, rééduqués.

Mais commençons par le début : le Xinjiang se trouve à des milliers de kilomètres de la France, aux confins de l'Asie centrale. Avec Kerim, nous avons grandi dans ce paradis grand comme trois fois la France, parsemé de montagnes et d'oasis. Cet écrin se trouve à l'extrême-ouest de la Chine, coincé entre huit pays : la Mongolie, la Russie, le Kazakhstan, le Kirghizstan, le Tadjikistan, l'Afghanistan, le Pakistan et l'Inde. Il renferme des agrumes, de l'or, des diamants mais aussi d'autres richesses souterraines : du gaz, de l'uranium et, surtout, du pétrole. Je dis « notre pays », mais le terme n'est pas tout à fait exact. La terre, dentelée à l'ouest de républiques indépendantes, n'a connu que de brefs épisodes de liberté nationale, entrecoupés par de longues périodes d'annexion de la Chine : sous l'Empire, puis à l'arrivée des communistes en 1949 qui l'ont baptisée « Xinjiang », ce qui signifie en mandarin « nouvelle frontière[1] ». Les rébellions des séparatistes qui rêvaient d'une République indépendante du Turkestan oriental n'y ont rien fait, les communistes ont coulé du béton sur nos routes caillouteuses et ouvert le ventre de la terre pour y puiser le pétrole et le gaz qui dormaient là.

1. Le Xinjiang a été définitivement incorporé à la République populaire de Chine sous le nom de « région autonome du Xinjiang » en 1955.

Depuis, nous, Ouïghours, sommes le caillou dans la chaussure de l'empire du Milieu. Le Xinjiang est un couloir stratégique bien trop riche pour que la Chine puisse se permettre de le perdre. Elle a investi trop d'argent dans les « nouvelles routes de la soie[1] », ce grand projet politico-économique censé rallier la Chine à l'Europe en passant par l'Asie centrale, et dont notre région est un axe crucial. Sans elle, le fer de lance de la politique du président Xi Jinping ne pourrait pas voir le jour. Xi Jinping a besoin du Xinjiang. D'un Xinjiang paisible et propice au commerce, nettoyé de ses populations séparatistes et de ses tensions communautaires... En somme, il veut le Xinjiang sans les Ouïghours.

Dans les écoles des quatre coins du pays, les élèves récitent que les cinquante-six ethnies nationales – dont les Ouïghours font partie – sont la pierre angulaire du rayonnement culturel de la Chine dans le monde. Sur nos cartes d'identité, il est inscrit que nous sommes des citoyens de la République populaire de Chine, mais dans notre cœur nous sommes toujours des Ouïghours. Hommes et femmes prient Dieu dans des mosquées et pas dans des temples bouddhistes. Les musulmans les plus religieux portent la barbe et leurs épouses se couvrent d'un voile. Dans les foyers, les écoles et les rues du Xinjiang, on entend résonner les intonations rugueuses et enrouées de la langue ouïghoure, un dialecte dérivé du turc, et pas le mandarin. L'aliment de base n'est pas le riz, comme chez les Hans de

1. Lancées par Xi Jinping en 2013, les « nouvelles routes de la soie », aussi connues sous l'acronyme anglais « BRI » (la « Belt and Road Initiative »), ont initié la construction d'un vaste faisceau de routes et d'infrastructures entre la Chine et ses marchés traditionnels en Asie, en Europe et en Afrique.

l'Est, mais les *naans*, ces pains ronds et plats que l'on trouve en Asie centrale. Pourtant, plus que jamais dans le contexte actuel, nos différences culturelles dérangent et les épisodes de révoltes passés inquiètent. C'est pour cela que nous avons fui en France en 2006. C'était juste avant que le Xinjiang bascule dans une répression inédite.

À notre arrivée, peu de personnes connaissaient le Xinjiang. Encore moins le conflit ethnique et culturel qui le parcourt. Quand nous racontions les discriminations, les emprisonnements, l'impossibilité de construire un avenir serein chez nous, les gens levaient un sourcil. En général, nos explications suscitaient l'indifférence ou, dans le meilleur des cas, une curiosité polie. « C'est un peu comme pour les Tibétains ? », entendait-on souvent. Un peu, oui, c'est vrai. Pour les Occidentaux, la répression dont nous faisions l'objet a quelque chose d'exotique. C'est la version chinoise de David contre Goliath. Sauf que, dans celle-ci, David n'a toujours pas vaincu Goliath. Il le combat depuis des générations, sans succès. À vrai dire, je ne saurais pas identifier le moment où les premiers troubles ont démarré. Ils étaient déjà là, tapis dans l'ombre, alors que je grandissais dans mon village du Nord. Peut-être ont-ils toujours existé ?

Pourtant, pour Kerim et moi, tout avait plutôt bien commencé. Fut un temps pas si lointain où les problèmes politiques du Xinjiang nous effleuraient à peine. Leur petite musique nous parvenait mais nous étions trop occupés à bâtir nos vies avec enthousiasme. C'était dans les années 1990. Le Xinjiang attirait à lui tous ceux qui, de Chine ou d'ailleurs, voulaient faire fortune. Sa capitale, Urümqi, grouillait d'étudiants en ingénierie tout juste diplômés, de familles hans émigrées de l'Est, de travailleurs kazakhs venus exploiter des lopins de terre dans la région. Dans le centre-ville, des tours de bureaux et des centres commerciaux surgissaient et dépassaient les mosquées. Les compagnies d'extraction pétrolière embauchaient à tour de bras des Ouïghours comme des Hans. Le Grand Bazar accueillait une population bigarrée. Des femmes voilées en côtoyaient d'autres en blue-jeans et sweats à capuche. Des mères et des enfants juchés en amazone à l'arrière de petits scooters s'accrochaient à des pères barbus, le crâne recouvert de *doppas*, la calotte traditionnelle ornée de broderies ouïghoures. Au milieu des concerts de klaxons, des vendeurs accroupis sur le rebord du caniveau proposaient un tas d'objets électroniques, de jouets en plastique, de bijoux fantaisie en toc dont les Chinois de l'Est raffolent tandis que, chez le marchand suivant, on trouvait, entassés dans de grandes caisses en plastique, des instruments de cuisine en bois, du henné ou des *naans*.

Avec Kerim, nous nous sommes rencontrés là-bas, sur les bancs de l'Université du pétrole. Urümqi possède un charme particulier car on y retrouve des habitants aux origines, cultures et traditions diverses. Les Hans représentent presque la moitié de la population. L'autre moitié se morcelle en une kyrielle d'ethnies minoritaires : les Ouïghours[1], les Kirghizes, les Kazakhs, les Tadjiks, les Mongols... Kerim venait d'Altay, une ville de l'extrême-nord lovée au pied des sommets qui dessinent la frontière avec le Kazakhstan, la Russie et la Mongolie. À la peau cuivrée de ces habitants colle une réputation de

1. Majoritaires à l'arrivée des Hans dans les années 1950, les Ouïghours sont aujourd'hui estimés à 11,5 millions.

montagnards rudes qui s'expriment dans un dialecte dérivé du kazakh, et non du turc comme la langue ouïghoure traditionnelle. Je n'ai pas tout de suite saisi le charme un peu brut de ce grand garçon trapu. Moi, j'arrivais de Ghulja, une petite ville du Nord aussi. Pour s'y rendre depuis Altay, il fallait affronter, en voiture ou en bus à l'époque, plusieurs centaines de kilomètres d'étendue désertique. Un monde nous séparait.

À Ghulja, je me souviens de notre voisine. Une femme minuscule et tassée, qui vivait avec son mari, lui aussi minuscule et tassé. Les raisons pour lesquelles ils habitaient là m'échappaient, la seule chose que l'on savait d'eux était qu'ils étaient hans. Pourtant, la petite femme revêtait des habits traditionnels ouïghours. Elle cuisinait des samoussas farcis à la viande de mouton et des brochettes d'agneau qui embaumaient notre ruelle. Han ou Ouïghour, à cette époque, tout ça n'avait aucune importance. En tout cas chez nous. Nous avions d'excellentes relations avec cette voisine, à tel point que son mari et elle partageaient nos repas pour l'Aïd. Elle chérissait notre culture. C'était aussi la sienne.

Ensuite, c'est à Karamay, l'autre grande ville du Nord, que nous nous sommes installés. Celle dont le nom en ouïghour signifie « huile noire » est une cité de béton construite à toute allure pour accueillir les centaines de familles d'ouvriers venus travailler sur les sites pétroliers qu'elle jouxte. On disait de Karamay qu'elle était un « Eldorado ».

Là-bas, la Compagnie du pétrole locale nous a offert des emplois d'ingénieurs dès notre sortie de l'université. C'était une chance. À l'époque, Karamay fascinait car elle faisait partie de ces villes nouvelles du Xinjiang où le travail ne manquait pas. À notre arrivée, en 1988, elle n'offrait à voir qu'une succession d'avenues rectilignes vides, sans commerces ni restaurants ni marché. Dans ce damier construit sur le modèle des villes américaines, il n'y avait rien si ce n'est des chantiers qui fleurissaient à chaque pâté de maisons avec leur brouhaha de marteaux-piqueurs, de grues et de tractopelles. On se réveillait et on se couchait dans une véritable cacophonie. La ville crissait, craquait, grondait en permanence. Des tours poussaient sur le sol en quelques semaines pour accueillir de nouvelles familles de travailleurs venus des quatre coins du Xinjiang. Tandis que Karamay se remplissait, les ouvriers grattaient encore le sol pour creuser le lit d'une rivière artificielle et y planter des rangées d'arbres touffus. Au cœur de cette bruyante fourmilière, nous habitions un petit appartement de deux pièces fourni par la Compagnie, attenant à ses bâtiments. Nous avons vécu plus de vingt ans ici et jamais les travaux ne se sont arrêtés, comme si Karamay ne cessait de s'étendre au-dessus des sols remplis d'or noir.

La vie était frugale à Karamay. L'hiver, on y mourait de froid. La température frôlait dangereusement les – 30 °C au mois de janvier. Un vent violent s'engouffrait dans les rues, venant vous pincer le visage. Dès le printemps, on étouffait. Les soirs de mai, il suintait des dalles des trottoirs neufs cuites par le soleil une chaleur épaisse. Tandis que les familles regagnaient la fraîcheur des appartements pour dîner, nous déambulions dans cette atmosphère torride sur le vélo de Kerim. Lui à l'avant, moi sur le porte-bagages, enlaçant sa taille. Tout restait à inventer ici. La ville nouvelle ressemblait à notre vie ensemble. L'avenir, sans nuage, se déroulait sous nos pieds comme l'un des boulevards poussiéreux de Karamay. Nous nous sommes mariés dans l'intimité de notre appartement, avec une poignée d'amis et un imam pour célébrer la noce. Puis, les filles sont nées et l'avenir, vraiment, semblait plus radieux que jamais.

Nos revenus nous permettaient juste de vivre chaque mois mais nous avions peu de besoins. L'époque se prêtait à des plaisirs simples. Nos amis, certains venus d'Urümqi comme nous et d'autres rencontrés à la Compagnie, menaient eux aussi un train de vie modeste. Tous, nous travaillions beaucoup. Les semaines se suivaient et se ressemblaient à la Compagnie. Alors, pour tromper le labeur, nous avions initié une tradition : chaque début d'année, nous procédions à un tirage au sort. L'un d'entre nous inscrivait les noms de chacun sur de petits papiers avant de les plonger dans un grand bol. De cette façon, chaque personne se voyait attribuer une sortie mensuelle qu'elle devait organiser pour le groupe au cours de l'année à venir. Un restaurant, un sauna, ou une soirée chez l'un ou l'autre… C'étaient nos bouffées d'air frais. Karamay se développait, les offres de divertissement se multipliaient. Que de bons moments nous avons passés, attablés autour de brochettes de viande grillée ou riant entre femmes, allongées dans les vapeurs du hammam ! Si, une année, l'un d'entre nous manquait d'argent, nous nous cotisions pour l'aider. Tous, nous avions quitté nos régions natales pour venir travailler dans cette ville neuve perdue au milieu du désert. À force de grandir loin de nos familles, nous en avions reformé une ici. Ali, Nilopar, Muhammad, Dilnur, Aynur… Je me demande ce qu'ils deviennent. De la bande, aucun n'a quitté Karamay. Aux dernières nouvelles, certains travaillaient encore à la Compagnie, d'autres en tant que professeurs à l'école élémentaire ou à l'université.

Aujourd'hui, les échanges se font de plus en plus rares, comme si nos amis craignaient que leurs confidences ne soient épiées. Ils me manquent. Aucun Ouïghour resté au Xinjiang n'échappe à l'œil du Big Brother chinois. Je ne voudrais pas que mes questions puissent leur attirer des ennuis là-bas.

Je crois que Kerim a toujours su qu'il faudrait quitter le Xinjiang. L'idée avait germé dans sa tête bien avant que nous ne soyons embauchés à la Compagnie. Cela date des années à Urümqi quand, fraîchement diplômés, nous cherchions tous les deux du travail. C'était en 1988. On épluchait les annonces dans les journaux. Sur beaucoup d'entre elles, on pouvait distinguer une clause en petits caractères : « Pas de Ouïghours. » Ça ne l'a jamais quitté. Le vent de discriminations qui se levait nous a poursuivis jusqu'à Karamay. Il soufflait de plus en plus fort mais à l'époque nous préférions tous fermer les yeux. Sauf Kerim. Kerim n'avalait pas. Quand je refusais de m'attarder sur des détails étranges, lui en faisait une obsession.

À la Compagnie, il y a eu l'épisode des *hong bao*[1], d'abord. Ce sont ces petites enveloppes rouges que l'on garnit d'argent au moment du Nouvel An chinois pour les offrir à ses proches. La tradition veut que l'employeur distribue aussi ces cadeaux aux salariés. À la Compagnie, le patron n'y manquait jamais. Mais cette année-là, dans leurs enveloppes, les salariés hans ont reçu plus d'argent que les salariés ouïghours. Dans les familles ouïghoures, on ne s'est pas attardé sur l'épisode. Après tout, ce n'étaient

1. En Chine, les *hong bao* sont distribués dans la sphère privée et professionnelle à l'occasion des mariages, des anniversaires, des naissances ou, comme c'est le cas ici, du Nouvel An chinois.

peut-être que des rumeurs. Pourtant, peu de temps après, tous les salariés ouïghours ont été délocalisés à la périphérie de la ville. Une poignée d'entre nous ont haussé le ton. Moi, je n'ai pas osé. J'ai emballé mes affaires dans un carton et un Han s'est installé à mon bureau au siège de la Compagnie. Quelques mois plus tard, Kerim a postulé en interne pour un emploi de cadre. Il avait toutes les qualités et l'ancienneté requises. Il n'y avait aucune raison qu'il ne soit pas sélectionné. Pourtant, le poste a été dévolu à quelqu'un d'autre. Et devinez à qui ? Un salarié han qui ne possédait même pas le diplôme d'ingénieur ! Les coïncidences se multipliaient, nos filles grandissaient. Kerim se crispait.

Moi, bien qu'emmitouflée dans un confortable déni, je voyais nos perspectives d'avenir ici disparaître. Les déceptions à la Compagnie du pétrole ont usé Kerim à petit feu. En 2002, il a quitté le Xinjiang pour chercher du travail à l'étranger. Au Kazakhstan d'abord, dont il est revenu un brin sceptique au bout d'un an. En Norvège ensuite. Puis en France, où il a demandé l'asile. Il s'est installé là et nous, les filles et moi, devions le rejoindre quand il aurait obtenu le statut de réfugié, puis trouvé un emploi. Chez nos amis, tous disaient qu'il était fou de repartir ainsi de zéro. D'autant qu'en apparence la vie nous souriait ici. Au fil des années, Kerim et moi avions obtenu de meilleurs salaires. Nous habitions un spacieux appartement dans le centre, fourni par la Compagnie à la naissance de Gulhumar. Les filles poursuivaient des scolarités prometteuses dans des écoles ouïghoures. Nous roulions dans une belle voiture. Bref, nous faisions désormais partie d'une certaine élite et je partageais leur avis. Qui plus est, je n'avais jamais voyagé au-delà de ma propre province. L'idée d'être parachutée quelque part dans le monde, vaste et infini, m'angoissait.

À partir de combien d'humiliations, d'inégalités, d'injustices, faut-il taper du poing et s'exclamer : « Ça suffit » ? En Chine, un adage dit que n'importe quoi peut vous arriver à n'importe quel moment.

Au Xinjiang, check-points, contrôles de police, interrogatoires, intimidations, menaces sont si fréquents qu'on n'y prête presque plus attention. C'est ainsi, nous évoluons en sursis, dans un état de semi-liberté qui peut nous être confisqué à tout moment. Être invité à prendre le thé au commissariat du quartier fait partie du quotidien. On raconte aux policiers sa journée, on donne le nom de nos amis et connaissances, on parle de son travail. Voilà le prix d'une tranquillité relative.

Plus la surveillance est absolue, plus elle devient un paramètre ordinaire de la vie. Chez les Ouïghours, tout le monde connaît un frère, un ami, un cousin, un neveu, qui a eu des ennuis avec la police, quand il n'a pas disparu quelques mois. Oui, n'importe quoi peut arriver. À n'importe qui. Chaque citoyen est un dissident en puissance. Et dans chaque famille ouïghoure dorment des siècles d'insoumission culturelle, ce qui fait de nous des dissidents dès la naissance.

Ce conflit a commencé bien avant l'annexion des communistes. Alors, pourquoi s'insurger de quelques discriminations supplémentaires ?

Les Français ont du mal à comprendre cela. Ma fille, Gulhumar, utilise un bon exemple pour illustrer ce que je raconte : la France est constituée d'une multitude de villes, de villages, de hameaux remplis d'habitations, de commerces et de cafés, eux-mêmes remplis d'êtres humains.

Les hommes sont partout. Au Xinjiang, quatre cents kilomètres de terre pelée séparent les deux grandes villes du Nord, Urümqi et Karamay. Hors de ces métropoles, construites aux abords d'oasis et de champs pétroliers, la solitude et le silence s'étendent à perte de vue. L'aridité étouffe toute vie humaine. Seules les rangées crochetées des sommets montagneux rompent la ligne d'horizon désertique. Pour les services secrets locaux, rien n'est plus simple que d'organiser la disparition d'un dissident puis d'enterrer son corps au milieu de nulle part. Être Ouïghour en Chine signifie aussi vivre avec cette conscience-là dans le ventre : la possibilité à tout moment de disparaître dans le grand désert du Taklamakan.

C'est aussi pour cela que je me suis toujours tenue à distance des affaires politiques. Enfant, à Ghulja, j'ai grandi sans jamais entendre mes parents se plaindre ou récriminer contre le gouvernement. Ils travaillaient comme ouvriers dans la distillerie voisine, ils s'employaient à ce que nous, leurs huit enfants, ne manquions de rien malgré leurs maigres salaires. Je crois qu'ils étaient plus préoccupés par notre survie que par les discriminations qui visaient déjà les Ouïghours. Nous étions une famille modeste et vivions loin des grandes villes où se mélangent les ethnies.

En grandissant, je suis devenue une jeune femme timide et studieuse. À l'université d'Urümqi, je tenais volontairement à distance les questionnements politiques qui émaillaient les discussions. Je ne les maîtrisais pas et toute cette colère militante m'effrayait. Pourtant, l'air de la capitale en était plein. C'est quand j'ai rencontré Kerim qu'un monde s'est ouvert à moi. La politique, c'était Kerim. Il pouvait en parler des heures. Son œil s'allumait quand une discussion glissait sur un débat. Autour de nous, les étudiants venus des quatre coins du pays brassaient tant de pensées nouvelles. La chape de plomb de la révolution culturelle s'effritait de toutes parts. On n'entendait pas encore parler des événements de 1989 à Pékin, quand des centaines de milliers d'étudiants se sont installés sur la place Tiananmen durant des semaines pour demander au gouvernement des réformes démocratiques, mais notre mouvement étudiant y ressemblait.

Par amour et peut-être un peu par curiosité, je l'ai suivi en décembre 1985 dans les manifestations à Urümqi[1]. Nous demandions davantage d'égalité sociale pour les ethnies minoritaires, la levée de la politique de l'enfant unique, ainsi que l'octroi par le Parti communiste d'une gestion plus autonome de notre province. Le mouvement, comme tous les autres, a été tué dans l'œuf, sans bain de sang heureusement. La police s'est chargée de réduire au silence les leaders et nous, la masse, avons regagné les bancs de l'université sans avoir obtenu gain de cause. Pourtant, le feu qui brûlait déjà en Kerim ne s'est jamais éteint.

Un soir de l'année 2000, il est rentré à la maison sans un mot. Sa déconvenue de poste essuyée puis mûrie, il avait pris sa décision. Je l'ai regardé, et j'ai retrouvé cette même lueur d'insoumission qui s'allumait autrefois dans ses yeux. « J'ai démissionné », m'a-t-il simplement dit, en déposant un carton frappé du logo de la Compagnie dans

1. À la fin de l'année 1985, des manifestations pacifiques menées par des associations étudiantes se déroulent dans plusieurs villes du Xinjiang, dont la capitale, Urümqi. Les étudiants dénoncent entre autres les essais nucléaires sur le site du Lopnor, la colonisation démographique, les inégalités ethniques et demandent une plus grande autonomie politique de la région.

le salon. Moi, je fulminais. Et puis, il a ajouté : « Ça suffit. » Au fond, je le savais, il avait raison.

Ce soir-là, alors que notre fille Gulhumar serrait dans ses bras les derniers invités de son mariage, je me suis fait la réflexion à nouveau : Kerim avait raison. Plus que jamais. La France nous avait rendu notre liberté. Au même moment, au Xinjiang, une nouvelle vague de terreur s'écrasait sur les Ouïghours, d'une violence inédite.

Ce chaud mois d'août, synonyme de tant de joie pour nous, annonçait là-bas l'arrivée d'un nouvel acteur crucial dans le bras de fer qui oppose notre ethnie au Parti communiste : Chen Quanguo, dirigeant du Tibet de 2011 à 2016, connu pour y avoir instauré des méthodes de surveillance drastiques, venait d'être nommé à la tête de la province. Avec lui, la répression des Ouïghours prenait une ampleur dramatique. Des milliers d'entre eux étaient envoyés dans des « écoles », construites à la va-vite au milieu du désert. Des camps de rééducation, en réalité. On y lavait le cerveau des détenus. Et pire, même. Seuls quelques-uns, brisés, en ressortaient.

Mais à ce moment-là, alors que la piste de danse trempait encore dans une douce lumière orangée, que les dernières amies replaçaient leurs châles sur leurs épaules dorées et que les moteurs des voitures ronronnaient dans la cour adjacente, les horreurs dont le Xinjiang devenait le théâtre m'étaient encore inconnues. J'étais bien loin de penser que, quelques mois plus tard, je serai plongée dans le tourbillon de cette histoire. Il n'y avait que Gulhumar, sa robe blanche, et un fond de bonheur qui tapissait mon cœur.

Chapitre 2

Paris, 19 novembre 2016.

Au téléphone, l'homme s'est présenté comme un employé de la Compagnie du pétrole. « Service comptabilité », a-t-il précisé. Le timbre de sa voix m'était inconnu. Je n'ai pas tout de suite saisi le motif de sa requête. Il a évoqué mon congé sans solde, posé à notre départ du Xinjiang pour la France, en 2006. Sa voix grésillait, je l'entendais mal. « Il faut que vous reveniez à Karamay pour signer les documents relatifs à votre retraite anticipée, Madame Haitiwaji », a-t-il ajouté. « Dans ce cas, je voudrais faire une procuration », lui ai-je rétorqué, « à Karamay, j'ai une amie qui s'occupe de mes démarches administratives. Pourquoi devrais-je revenir pour quelques documents ? Pourquoi me déplacer pour si peu ? Pourquoi maintenant ? » L'homme, bien qu'obstiné à vouloir me faire venir, n'avait pas les réponses à mes questions. Il a dit qu'il me rappellerait dans deux jours, après s'être renseigné pour la procuration.

Des années que je n'avais pas reçu de nouvelles de la Compagnie. Sa voix pressée, que j'ai trouvée désagréable, m'a transportée dix ans plus tôt. J'erre dans la cuisine de Boulogne. Je revois le large bâtiment de pierre ocre. Le jardin qui se révèle aux arrivants une fois le portique de sécurité passé, au-delà des barrières électriques qui se rétractent en hauteur, comme une haie d'honneur. Je l'imagine, lui : il doit être petit, le visage mangé par une paire de verres rectangulaires, enfoncé dans sa chaise à roulettes. Dans le combiné, derrière sa voix, j'entendais le murmure de l'air conditionné souffler sur sa nuque et les doigts de son secrétaire taper frénétiquement sur le clavier de l'ordinateur. Le bureau qu'ils partagent doit être exigu, mal aéré, et les murs couverts d'un papier peint jauni, décollé dans les angles.

Ah, je l'aimais, la Compagnie. Et j'avais fini par adorer ce métier. Autrefois, je me rêvais médecin ou infirmière. À la sortie du lycée, j'avais donc postulé à toutes les universités médicales du Xinjiang, mais mon dossier n'affichait pas de résultats suffisants. On m'a envoyée à l'université d'Urümqi pour devenir un ingénieur du pétrole. Bon gré mal gré, je me suis accommodée des mathématiques et de la mécanique. Comme des étudiants en médecine lors d'une dissection, on ouvrait le ventre d'une multitude de machines pour en étudier le contenu, des ramifications électriques à la boîte de vitesses. Je n'étais pas la meilleure élève, mais je me débrouillais. Ce qui me plaisait vraiment, c'était d'imaginer les plans des raffineries. Sur de grandes feuilles, je dessinais au crayon à papier, telle une architecte, le labyrinthe d'un site avec sa complexité de tuyaux, de grues et de pompes. Tous les mois, sur les murs de la salle de classe, notre professeur affichait les quatre meilleurs plans de la promotion. J'en faisais toujours partie. C'était ma fierté.

Puis, Kerim et moi avons été envoyés à Karamay. À l'époque, le salaire correct que l'on nous promettait compensait les conditions de travail éprouvantes à la Compagnie du pétrole. Travailler dans le désert et le bruit infernal des grues ne m'attirait pas spécialement, mais les nouvelles recrues devaient passer par l'usine pendant un an, c'était le règlement. Je me souviendrai toute ma vie des forêts horizontales d'oléoducs bâillant, bouches béantes, dans les flancs des hangars. Du ballet incessant des machines pendues dans les airs. De leurs mâchoires acérées qui extirpaient les tuyaux incandescents du four. Du crissement de la soudure d'où s'échappait une odeur cuisante, et des sutures que les ouvriers administraient dans un jet d'étincelles bleutées sur les extrémités des tuyaux.

L'année suivante, à mon grand soulagement, la Compagnie m'attribua un poste au siège de Karamay et non sur l'un des sites d'extraction qui bordaient la ville. Là, on me confia l'unité de contrôle de la sécurité de la production. À nouveau, je m'accommodais d'un métier que je n'avais pas appris à l'université et que je finis par aimer. Les années passèrent, j'évoluais dans la Compagnie et je me sentais reconnaissante envers elle. Malgré les discriminations que subissaient les Ouïghours, elle nous offrait, à Kerim et moi, des salaires honorables, suffisants pour élever nos filles et ne manquer de rien.

Et puis, en 2002, Kerim est parti. Sans lui, la vie devint un exercice d'équilibriste éprouvant. Les semaines ressemblaient à des tunnels dans lesquels je m'engouffrais tête baissée sans que j'aie le temps de réfléchir. Je jonglais entre le travail, les filles, les repas, les tâches ménagères et Kerim au bout du fil, pour qui je me faisais un sang d'encre. Lui errait dans les rues de Paris en attendant que soient finalisées ses démarches administratives. Il dormait en foyer d'accueil lorsqu'il trouvait une place et là où il pouvait quand tous les centres d'hébergement affichaient complet, ce qui est souvent arrivé cet hiver-là. Mais, nous disait-il, il finirait par avoir des papiers. On avait enregistré sa demande d'asile. Bientôt, les nuits glacées passées dans une rame de métro en attendant l'aube, ou dans le hall de l'aéroport de Roissy, ne seraient plus que de vieux souvenirs, des « galères » du début car, nous rassurait-il, ces péripéties un peu effrayantes font toujours partie d'une aventure comme celle-là.

Sa persévérance et son courage m'ont toujours fascinée. Récemment, ils viennent à nouveau d'être récompensés : Kerim a trouvé un emploi de chauffeur VTC. Il s'est mis à son compte, dans une compagnie du nom de Uber. Lui, l'ancien ingénieur du Xinjiang, le sans-papiers débarqué à Paris sans un contact ou une adresse en poche, conduit maintenant dans la nuit des passagers inconnus. Sa voiture fend l'avenue illuminée des Champs-Élysées, cette même avenue qu'il a découverte, ébahi, à son arrivée. Elle cahote sur les pavés de la place de la Concorde et dans les ruelles humides qui bordent les Halles. Derrière la buée de son pare-brise, je sais qu'il se rappelle ses premières galères.

Les mois passaient. Arriva l'anniversaire de son arrivée en France. Malgré les incertitudes qui planaient au-dessus de son dossier toujours en cours de traitement, son enthousiasme triomphait. Au téléphone, il parlait peu de ses conditions de vie pour le moins rudimentaires. Il préférait nous conter à toutes les trois ses premiers pas dans ce pays lointain et merveilleux qui allait nous accueillir. Il nous décrivait la tour Eiffel, un amas de ferraille qui me rappelait un peu les grues biscornues qui surplombent les raffineries de pétrole du Xinjiang; la quiétude des allées bordées d'arbres du jardin du Luxembourg; les baies vitrées des appartements modernes où se reflétaient les rayons de soleil du printemps et au pied desquels coulait la Seine; l'air frais des matinées. Au fil du temps, il s'était fait un trou. Quelques familles ouïghoures l'entouraient d'attentions chaleureuses. Il apprenait le français.

Depuis Karamay, les filles suivaient ses aventures comme celles d'un héros tiré des séries américaines que je les autorisais à regarder après l'école. Elles ne réalisaient pas la dureté de cette épreuve. Moi, j'appréhendais le jour où nous devrions le rejoindre. Alors, quand nous avons enfin quitté le Xinjiang en 2006, je n'ai pas eu le cœur de démissionner. Tourner la page de la Compagnie me semblait trop dur. À la différence de Kerim, la Compagnie ne m'avait pas blessée. Pas encore. J'ai posé un congé sans solde renouvelable grâce auquel je conservais ma place d'ingénieur-cadre dans l'entreprise. Peut-être que nous reviendrions chez nous après tout. Le 27 mai, Gulhumar, Gulnigar et moi avons atterri à l'aéroport de Roissy-Charles-de-Gaulle.

Les filles ont obtenu le statut de réfugiées, comme leur père. En recevant l'asile politique, Kerim avait tranché. Il avait perdu, *de facto*, sa nationalité chinoise. Pour moi, renoncer à ma carte d'identité impliquait une chose terrible : plus jamais je ne pourrais revenir au Xinjiang. Comment dire adieu à nos racines, à ceux que nous avions laissés derrière nous, nos parents, nos frères et sœurs, leurs enfants ? J'imaginais ma mère, très âgée, mourant seule dans sa maison au pied des montagnes. Abandonner ma nationalité chinoise, c'était l'abandonner elle aussi. Je n'ai pas pu m'y résoudre. Aussi ai-je demandé un titre de séjour renouvelable tous les dix ans.

Les questions fusent dans ma tête alors que je balaie du regard le séjour paisible. Pourquoi ce type veut-il que je rentre à Karamay ? Est-ce un prétexte pour m'interroger dans un commissariat ? Je ne connais pas d'autres Ouïghours en France à qui cela est arrivé. Autour de moi, l'appartement de Boulogne baigne dans la torpeur du début de l'après-midi. Il n'y a que Kerim. Enfoncé dans le canapé blanc, il balaie d'un doigt endormi les nouvelles sur son téléphone. Son service va reprendre. Le samedi, les demandes affluent jusque tard dans la nuit. Un rayon de soleil hivernal tombe sur le carrelage de la cuisine. Seul le ronronnement lointain de la machine à laver rompt le silence. Quand nous avons emménagé ici, il n'y avait pas un meuble, pas de rideaux, pas de canapé. Juste une casserole abandonnée sur les plaques à induction et lui, planté au milieu du salon. Aujourd'hui, l'anecdote nous fait rire. Gentiment, on se moque encore parfois de Kerim et de sa casserole. Vraiment, est-ce raisonnable de m'absenter plusieurs semaines ? De laisser Kerim seul avec les filles ?

L'employé de la Compagnie de pétrole a rappelé deux jours plus tard. « Ce n'est pas possible de faire une procuration, Madame Haitiwaji, vous devez vous déplacer à Karamay. » Je n'ai pas eu la force de refuser. Après tout, ce ne sont que quelques documents. « Très bien, je m'y rendrai dès que possible alors », lui ai-je simplement répondu.

Quand j'ai raccroché, un frisson m'a parcouru l'échine. Je redoute ce retour au Xinjiang. Kerim a beau me rassurer depuis deux jours, vraiment, j'ai un mauvais pressentiment. À cette période de l'année, Karamay est une ville abandonnée à un hiver brutal. Sous les bourrasques gelées qui s'engouffrent dans les avenues, les maisons, les immeubles et les commerces se serrent les uns contre les autres. Quelques silhouettes emmitouflées bravent les éléments, en rasant les murs, mais de manière générale il n'y a pas âme qui vive dehors. La température n'est pas ma seule source d'inquiétude. Il suffit de taper « Xinjiang » dans une barre de recherche Google pour constater que les mesures de sécurité du pays se radicalisent. Chaque innocent qui sort de chez lui sait qu'il peut se faire arrêter pour un oui ou pour un non. Ce n'est pas nouveau, mais tout cela s'est accentué après les émeutes d'Urümqi, en 2009.

Au Xinjiang, les 5, 6, 7 et 8 juillet 2009 resteront à jamais une série noire : le fragile équilibre grâce auquel les Ouïghours pouvaient encore croire à un avenir heureux dans notre pays s'est brisé. En ces jours-là, un déchaînement de violence inouï s'est abattu aux abords de l'université du Xinjiang, à Urümqi. Des dizaines de Ouïghours encagoulés, matraque et couteau à la main, ont dévasté des quartiers, lacérant, écrasant, assommant toutes les personnes qui se trouvaient sur leur chemin, Ouïghours comme Hans. C'est important de le dire : les Ouïghours, eux aussi, ont été victimes de cette poussée de fièvre extrémiste[1]. Plus tard, le Parti communiste assimilera l'ethnie entière à ces actes affreux. Il justifiera la politique concen-

1. Le 5 juillet 2009, une manifestation en réaction à la mort de deux ouvriers ouïghours dans la province du Guangdong dégénère en de violentes altercations avec les forces de police, suivies d'une réplique d'une minorité de civils armés de bâtons et de couteaux. Le bilan est de 197 morts et 1684 blessés, sans que l'on puisse établir la liste des victimes par communauté. Le gouvernement chinois accuse le Congrès mondial des Ouïghours, l'organe qui représente les exilés à l'étranger, et sa présidente de l'époque, Rebiya Kadeer, d'avoir orchestré l'attaque.

trationnaire au motif que l'islam radical et le séparatisme dorment dans les foyers ouïghours.

Les images, que nous n'avons pas vues à l'époque, relatent des attentats d'une horreur insoutenable. On y voit, au milieu des carcasses de bus aux vitres brisées, des femmes au visage écorché courant, hurlant, des enfants dans les bras. On ne sait pas s'ils sont morts ou évanouis. L'échine secouée de sanglots, des silhouettes agenouillées se tiennent immobiles devant la vitrine fracassée d'un commerce ou le long d'un corps inerte.

Le lendemain, des Hans ont répliqué. Cent quatre-vingt-dix-sept personnes ont péri au total. Depuis, la région, déjà en proie à des violences souterraines, a sombré dans le chaos.

Cet été-là, j'étais rentrée seule à Altay pour les grandes vacances. À huit cents kilomètres d'Urümqi, je passais des jours paisibles dans ma belle-famille. Je pensais à Kerim et à mes filles qui n'avaient pu m'accompagner. Le statut de réfugié, toujours. Dehors, de gros nuages noirs coiffaient les crêtes montagneuses.

Les nouvelles des attaques nous sont parvenues goutte à goutte, comme la fine pluie qui précède l'orage. D'abord par bribes éparses, puis par tirades. Autour de nous, des voisins disaient que les coupables étaient très nombreux. D'autres que, chaque soir depuis les émeutes, Urümqi était plongée dans le noir pour que les policiers puissent « nettoyer » la ville. Même ceux qui avaient eu le malheur d'assister aux événements auraient été enfermés[1] ou exécutés. Au même moment, presque dans l'indifférence

1. Dans la nuit du 6 au 7 juillet 2009, les autorités du Xinjiang annoncent avoir arrêté 1 434 personnes.

générale, la connexion internet avait été coupée. À la télévision, aucun mot n'a été prononcé sur le sujet. Les émissions culinaires et les reportages à la gloire des sous-sols pétrolifères du Xinjiang passaient en boucle. Mais personne n'y prêtait attention. La peur, elle, s'installait dans les maisons. Après ces émeutes, beaucoup de Ouïghours ont fui vers l'Europe et les États-Unis.

En 2012, j'ai compris que le pays porterait longtemps les stigmates des émeutes. C'était les grandes vacances à nouveau. Nous sommes rentrés au Xinjiang pour rendre visite à nos familles et amis comme chaque année. Mais cette fois-ci un air pesant flottait dès notre arrivée à l'aéroport. Nous sommes allés à Ghulja chez ma mère, puis à Altay, dans la famille de Kerim, et à Karamay où nos amis sont restés. Les distances sont gigantesques, des kilomètres dans le désert sans croiser âme qui vive. Avec joie, nous avons redécouvert les paysages épurés de terre sèche, les cratères formés par le vent dans les collines où rien ne pousse, les oasis et leur végétation touffue qui laissent deviner un bras de rivière ou une source proche.

Cette année, nous n'avons pas prêté attention à la beauté de la nature. Nous étions interrompus tous les cinquante kilomètres par un attirail de barrières de sécurité. Des check-points. Des groupes de cinq ou six policiers nous invitaient à nous arrêter, à descendre de voiture et à présenter nos papiers tandis qu'ils scrutaient l'arrière du véhicule, les portières, la boîte à gants à l'avant… Les check-points ont toujours existé au Xinjiang. Mais jamais aussi nombreux.

Karamay ressemblait à une ville en état de siège. Des groupes de policiers hans déambulaient dans les avenues encombrées de monde. On les reconnaît à leur uniforme mais aussi aux petits attroupements qu'ils forment aux carrefours, s'ils sont habillés en civil. Au Xinjiang, on ne sait jamais qui est un policier, qui ne l'est pas. Ils se fondent dans la masse. Cette année-là, j'ai vu des femmes voilées et des hommes barbus sommés de montrer leurs papiers d'identité et de présenter leur téléphone. Autrefois, quand une personne était suspectée par la police, on l'invitait à boire le thé au commissariat. Combien de fois ai-je vu Kerim partir après avoir reçu un sms envoyé du commissariat de notre quartier ? Je tremblais à l'idée de ne pas le voir revenir. Mais cette fois, les hommes ne se donnaient même plus ce mal, ils contrôlaient des gens en pleine rue !

Non, je ne veux pas y retourner. Pourtant, Kerim a raison. Il n'y a pas de raison de s'inquiéter, ce voyage n'est que l'affaire de quelques semaines. « Tu seras sûrement interrogée au commissariat, mais ne panique pas, c'est normal », m'a-t-il rassurée. Ma vie est en France désormais, les policiers de Karamay le savent. Ils ne pourront pas me garder. Je fais taire les voix qui murmurent dans ma tête. Je n'écoute plus le mauvais pressentiment qui grandit. Je veux en finir au plus vite. Me débarrasser de cette corvée. Je me saisis de l'iPad qui traîne sur la table basse du salon et je consulte les vols à destination du Xinjiang. Ce 21 novembre 2016, j'achète deux billets pour Karamay. Un aller le 25 novembre et un retour le 11 décembre. Le jour du départ, au milieu du va-et-vient des valises que Kerim descendait à la voiture, j'ai serré mes filles chéries dans mes bras. Dans la famille, nous ne sommes pas habitués aux démonstrations sentimentales. Elles ne surviennent qu'à de rares occasions et je ne sais jamais trop quoi dire. On pleure très peu, sauf pour les mariages.

Je ne m'absentais que deux semaines mais, pourtant, l'émotion nous gagnait. Alors, dans l'espoir de détendre l'atmosphère, mais aussi parce que je le pensais, j'ai dit : « J'espère qu'il ne va rien m'arriver ! » Kerim a maugréé quelque chose comme : « Mais non, qu'est-ce que tu racontes. » Gulnigar m'a souri. Gulhumar, elle, s'est agacée en espérant que ça ne nous porte pas malheur. Elle ne croyait pas si bien dire.

Chapitre 3

Karamay, 29 janvier 2017.

La porte de la cellule vient de se refermer derrière moi. Quelle heure est-il ? Tard sûrement. Dehors, je l'ai vu, il fait déjà nuit. Sous la lumière aveuglante du néon, il y a des corps assoupis partout. Dans la cellule exiguë, deux sentinelles somnambules se tiennent droites, les yeux mi-clos, en face du groupe de dormeuses d'où s'échappe une seule et même respiration régulière. Elles portent des vêtements de détenues, mais je n'y prête pas attention à cet instant car, tandis que je me débats avec les chaînes que les gardes ont fixées à mes chevilles, une phrase cogne dans ma tête : « Ce n'est pas fini, Gulbahar Haitiwaji, tout ça ne fait que commencer. » Ils m'ont eue à l'usure. Ils étaient trop nombreux. J'ai eu beau hurler et dénoncer ce mensonge, rien n'y a fait : j'ai signé ce foutu papier où je reconnais avoir participé à des « troubles en réunion ». Et maintenant, je suis perdue.

Le froid et l'odeur sont insoutenables. Quand les policiers m'ont conduite ici, j'ai eu le temps d'apercevoir l'enseigne au-dessus du portail qui précède les baraquements.

« Maison d'arrêt de Karamay. » Je suis en garde à vue, l'antichambre de la prison. Je ne sais ni pourquoi, ni pour combien de temps. Personne ne veut me répondre. Personne ne me dit rien. Pourtant, quand ils m'ont pris mon passeport, il y a un mois, Kerim m'avait rassurée au téléphone. « Ils ne peuvent rien contre toi, ta famille est en France, ils n'ont pas le droit de te retenir sans raison », avait-il ajouté, « ne t'inquiète pas. »

Mais il faut que je reprenne depuis le début. Tout a commencé à la Compagnie, quelques jours après mon arrivée. C'était le 30 novembre. Ce matin-là, j'étais venue signer les fameux documents relatifs à mon départ anticipé à la retraite. Entre les murs décrépis du bureau se trouvaient le comptable, un Han à la voix aigrelette, et son secrétaire, courbé derrière un écran. À l'entrée, Aynur, l'amie chez qui je logeais à Karamay, enroulait les franges de son châle d'un geste nerveux de l'index.

Quand je viens à Karamay, Aynur m'offre toujours le gîte et le couvert. Elle habite seule en centre-ville. Son mari est décédé. Son fils, Haqim, poursuit ses études dans une ville du Sud et sa fille, Munir, vit en France. Dans la voiture, en route pour la Compagnie, elle n'avait pas pu s'empêcher de donner son avis : « Quand même, tous ces déplacements pour quelques papiers, c'est un peu bizarre, non ? » Je l'écoutais d'une oreille attendrie et distraite. J'étais contente de la retrouver. Le paysage défilait derrière la vitre de la voiture, fidèle à mes souvenirs. Elle ne voulait pas trop m'inquiéter. « Après tout, il y a tellement de choses insensées dans ce pays ! » avait-elle fini par dire pour clore la conversation. Puis elle avait embrayé sur un sujet plus léger.

Dans le petit bureau, j'épluchais le paquet de documents avec assiduité, à la recherche d'un piège éventuel. Il me restait deux feuilles à parapher quand trois hommes ont pénétré dans la pièce. Ils étaient grands, Ouïghours et portaient des vêtements civils. Aynur les a regardés, tremblante. Brusquement, son teint doré a viré olivâtre. C'étaient des policiers. Mais Kerim m'avait prévenue, alors je ne me suis pas inquiétée. J'attendais leur venue, avec ses mots rassurants en boucle dans ma tête : « Rappelle-toi que tu arrives de France. À peine le pied posé sur le tarmac, ils sauront que tu es de retour pour deux semaines. Ils viendront forcément te questionner. Ne t'inquiète pas. » Les types ne se sont pas étendus sur le motif de mon arrestation. « On a des questions à vous poser », a simplement lâché l'un d'eux, « ça ne peut pas attendre, vous devez nous suivre maintenant. » Alors que le plus gros me passait déjà une paire de menottes, j'ai répété à Aynur les paroles sages de Kerim : « Pourquoi as-tu peur ? N'aie pas peur. » Je lui ai lancé un dernier regard encourageant avant de quitter le couloir. Elle a acquiescé, le visage interdit.

Plus tard, elle m'a avoué qu'elle était partie vomir aux toilettes.

La suite se déroule dans le commissariat de Kunlun, à Karamay. Pour nous y rendre, nous avons roulé dix minutes depuis la Compagnie. Dans la voiture, je préparais les réponses aux questions qu'ils allaient me poser. J'anticipais les coups. Après avoir déposé toutes mes affaires à l'accueil du commissariat, on m'a conduite dans une pièce exiguë et sans âme. La salle d'interrogatoire. Je n'en avais jamais vu avant : une table qui sépare les deux chaises des policiers de celle de l'interrogée, moi en l'occurrence. Le vrombissement discret de la clim. Un tableau blanc mal nettoyé dans un coin. La lumière blafarde.

On a évoqué mon départ en France, les raisons qui l'ont motivé, mon emploi dans une cantine de La Défense, puis dans une boulangerie. Alors que je m'étais préparée à tous les coups, la conversation a pris l'allure d'une paisible partie de ping-pong. On se renvoyait la balle : eux les questions, moi les réponses. Les policiers, aimables, me demandaient si la France est aussi belle qu'on la décrit, si j'y suis heureuse avec mon mari et mes enfants, si la nourriture est bonne. L'un d'eux m'a tendu une bouteille d'eau. Je l'ai refusée. « Tu n'es pas trop fatiguée ? » a-t-il glissé. Plus tard, je me méfierai de ces stratagèmes pour laisser l'interrogé s'assoupir dans le lit de la discussion. Mais pas cette fois.

C'est alors que l'un d'eux a plaqué la photo sous mon nez. Mon sang n'a fait qu'un tour. Je l'aurais reconnu entre mille, ce visage. Ces fossettes charnues. Ce nez fin perdu au milieu. J'ai approché l'image de moi. C'était Gulhumar, mon Dieu ! Elle posait devant ce qui semble être la place du Trocadéro à Paris, emmitouflée dans son manteau noir, celui que je lui avais offert. Sur la photo, elle sourit, un drapeau miniature du Turkestan oriental dans la main. C'est la fin de l'une de ces manifestations organisée par l'Association des Ouïghours de France, l'institution qui représente les exilés, pour dénoncer la répression chinoise au Xinjiang.

En France, que l'on soit très politisé ou non, ces rassemblements sont avant tout des occasions de se retrouver, au même titre que les anniversaires, l'Aïd et Norouz, la fête du Printemps. On peut y aller pour dénoncer la répression au Xinjiang, mais aussi, comme Gulhumar, pour y voir des amis, reformer le cercle de relations que nous avons perdu en quittant le Xinjiang. À l'époque,

Kerim y participait souvent. Les filles y ont été une ou deux fois. Moi, jamais. La politique, je l'ai déjà dit, ce n'était pas mon truc. En partant du Xinjiang, mon désintérêt n'avait fait que croître.

Soudain, le type a tapé du poing sur la table.

« Tu la connais, hein ?

— Oui, c'est ma fille.

— Ta fille est une terroriste.

— Non. Je ne sais pas pourquoi elle a été à cette manifestation. »

J'ai répété en boucle : je ne sais pas. Je ne sais pas ce qu'elle y faisait. Rien de mal, je le jure, ma fille n'est pas une terroriste. Mon mari non plus. Je ne sais pas pourquoi...

Mes souvenirs s'emmêlent. Le reste de l'entretien s'estompe. Il n'y a plus que cette photo, leurs questions agressives et mes réponses vaines. Je ne sais plus si ça a duré trente minutes ou quatre heures. À la fin de l'entretien, je me suis agacée : « C'est bon, on a fini ? Je peux y aller ? » L'un d'eux a répondu, la voix grave : « Ce n'est pas fini, Gulbahar Haitiwaji, tout ça ne fait que commencer. »

J'ai récupéré mes affaires, la boule au ventre. Dehors, il faisait presque nuit. Mon téléphone affichait plusieurs appels manqués de Kerim. Il était 17 h 30. Je n'avais pas donné de signe de vie depuis 10 heures du matin. Pendant plus de sept heures, il était resté sans nouvelles de moi. Une éternité au Xinjiang. J'ai rappelé Kerim, tremblante. « Où étais-tu ? Je me suis inquiété ! Tu vas bien ? »

Je lui ai tout raconté. Les larmes que je n'avais pas versées devant les policiers dégoulinaient le long de mon cou. Puis, déboussolée, les yeux gonflés, mais un peu ragaillardie, j'ai titubé jusque chez Aynur. « Dieu soit loué, ils t'ont laissée partir ! », m'a-t-elle dit en me serrant contre son cœur. Je n'en étais pas si sûre. En quelques heures, j'étais devenue otage de mon propre pays. Sans mon passeport chinois, impossible de quitter le Xinjiang. J'étais condamnée à errer ici, suspendue aux évolutions de l'enquête qui déterminerait si je pourrais monter ou non à bord de mon vol retour, le 11 décembre.

Les jours passaient, soumis à la loi d'une attente insoutenable. Le policier qui m'avait interrogée me rappelait tous les jours pour contrôler mes déplacements. À chaque coup de fil, l'espoir de regagner la France s'effritait un peu plus. « Il faut encore qu'on vérifie des choses », me répondait-il. « Il faut attendre », « il faut que tu sois patiente », ajoutait-il avec un sadisme sournois. Comme un lion en cage, je sillonnais le Xinjiang à la recherche d'une solution introuvable. À Ghulja, chez ma mère, à Karamay chez Aynur. Personne ne pouvait m'apporter de solution. Qui plus est, parler de mes problèmes de passeport à des amis pouvait leur attirer, à eux aussi, des ennuis. Lors de soirées avec eux au restaurant, il m'arrivait de glisser un mot sur le sujet à ma voisine ou mon voisin. « Les policiers sont devenus méchants, oui, c'est de pire en pire, ici, ma pauvre », murmuraient-ils au milieu du brouhaha des conversations. Mes proches ne manquent pas de courage, pourtant leurs réponses, décevantes car formelles, m'ont fait réaliser à quel point tous sont eux-mêmes otages de ce pays ! À part pour formuler des prières et de la compassion, mes amis et ma famille ne m'étaient d'aucun secours.

Les semaines passaient et avec elles j'imaginais les actes d'accusations falsifiées s'accumuler dans le dossier à mon nom posé sur le bureau du commissariat. Épuisée par ces allers-retours, je tombais petit à petit dans cet état de résilience propre aux Ouïghours du Xinjiang. Jusqu'à la veille du Nouvel An chinois. Ce jour-là, le policier m'a rappelée une énième fois et, cette fois, sa voix trahissait des évolutions dans l'enquête. « Tu dois rentrer tout de suite à Karamay, c'est urgent. » Je bouillonnais, persuadée qu'il me jouait encore l'un de ses tours. « Je ne peux pas, je passe les fêtes chez ma mère », lui ai-je rétorqué. « Et si on te dit qu'on te rend ton passeport ? »

Mon sang n'a fait qu'un tour. Le lendemain, j'ai embrassé ma mère puis j'ai pris le premier vol pour Karamay, gonflée d'espoir. Que j'étais naïve ! La police ne comptait pas me rendre mon passeport. Ce n'était qu'un nouveau stratagème pour écraser le peu de sang-froid qu'il me restait. Après un énième chapelet de questions – toujours les mêmes – suivi de ce que je croyais être des formalités administratives et médicales en vue de la clôture de mon dossier, ils m'ont conduite à la maison d'arrêt de Karamay. C'était il y a quelques heures, mais ça me paraît déjà il y a une éternité.

Ça fait cinquante jours que j'aurais dû rentrer chez moi. Dans l'appartement de Boulogne, Kerim, Gulhumar et Gulnigar se rongent les sangs. La famille du Xinjiang ne répond pas au téléphone. Les amis non plus. Personne ne m'a vue. Les températures à Karamay continuent de baisser dangereusement, frôlant les – 30° C. Alors, Kerim a eu une idée : pourquoi ne pas contacter des agents du renseignement au Xinjiang ? Eux ont accès à mon dossier. Ils savent certainement où je suis enfermée. Il en connaît un. Ce type lui doit bien ça.

À l'époque où nous nous rendions encore au Xinjiang pendant les vacances d'été, à peine nos valises déballées, le téléphone de Kerim sonnait. Il décrochait à l'appel masqué et un homme se présentait. Celui-ci ne déclinait ni sa réelle identité ni sa fonction, se contentant de l'inviter à venir boire un thé dans une chambre d'hôtel de la ville. Une proposition pour le moins étrange. Mais pas pour un Chinois, et encore moins pour un Ouïghour, qui plus est, un réfugié politique comme Kerim. En Chine, chacun sait à quoi s'en tenir lorsqu'un policier vous dit : « Viens boire un thé. » C'est une convocation à un interrogatoire. On ne la décline pas. L'homme glissait alors à Kerim l'adresse de l'hôtel, puis il raccrochait.

Les entretiens ne ressemblaient pas aux contrôles de routine des commissariats. Non, ces hommes étaient de véritables agents du renseignement intérieur. Des officiers haut placés, maniant l'art de l'interrogatoire avec une adresse qui les faisait passer du ton de la conversation à des techniques de chantage acerbe en quelques secondes. Des fonctionnaires spécialement recrutés pour surveiller nos déplacements et fréquentations. « Qu'est-ce que tu fais de tes journées ? En quoi consiste ton travail ? As-tu des contacts avec les Ouïghours là-bas ? » et puis, soudain : « Tu sais que l'Association des Ouïghours de France sert les intérêts de Rebiya Kadeer ? Cette femme est une terroriste, tu le sais ? Tu participes aux événements de l'association ? Ne t'approche pas de ces gens. » Kerim bottait en touche. Dans le huis clos de la chambre d'hôtel, il leur donnait suffisamment d'informations pour les rassasier, sans pour autant dévoiler la vérité sur son engagement au sein de l'Association des Ouïghours de France. Avec le temps, lui aussi avait appris à manier l'art des interrogatoires.

Les échanges étaient toujours cordiaux, presque amicaux à la fin. Mais chaque partie connaissait les ressorts de l'accord tacite qui les unissait. Si Kerim refusait soudain de se plier à l'exercice, eux pourraient le faire disparaître en un claquement de doigts. Toujours, même à des milliers de kilomètres du Xinjiang, la Chine garderait un œil sur lui. Jamais le Parti communiste ne le laisserait vivre en paix. « Il faut que tu restes à notre disposition. Ne quitte pas le Xinjiang sans nous prévenir, on aura peut-être besoin de te voir à nouveau. Et puis, essaye de dire du bien de la Chine et de Xi Jinping quand tu rentreras en France, d'accord ? » Kerim quittait la chambre au bout de quelques heures, vidé mais soulagé.

La police est tellement omniprésente au Xinjiang que, en dépit de la peur qu'elle suscite, les relations policiers-interrogés prennent parfois une tournure ambiguë. Kerim répète encore haut et fort : non, il n'a jamais balancé personne. Il en est fier. « Le thé était bon, je suis resté », lâche-t-il souvent dans un trait d'humour pour couper court aux silences gênés. Ces hommes étaient pour lui des « relations » impossibles à rompre et c'est pour cette raison que dormait dans son répertoire le numéro de l'un d'eux. Ce jour-là, rongé par l'angoisse de ne plus me revoir, il a décidé de renouer avec ce policier.

Parallèlement, au début de l'année 2017, Gulhumar épluchait son répertoire. L'une de ses amies travaillait au bureau de la propagande de Karamay. Une autre avait épousé un policier de la ville. Elles devaient pouvoir glaner une adresse, un nom, un numéro de téléphone. Elle leur écrivit à toutes les deux. « Ne t'inquiète pas, je connais beaucoup de monde, surtout des policiers », lui avait glissé la première sur WeChat. La seconde lui promit de convaincre son mari d'enquêter sur mon cas, dont le dossier dormait forcément dans la base de données des commissariats de Karamay.

Les semaines passèrent. Les relances inquiètes de Gulhumar restaient sans réponse. Jusqu'à ce qu'elle comprenne que sa première amie de Karamay, loin de l'aider, avait coupé court à la relation en la bloquant sur WeChat. Elle n'obtiendrait plus rien d'elle. « Arrête de nous contacter, mon mari va avoir des ennuis », lui écrivit ensuite la seconde. Gulhumar se heurta de plein fouet au mur infranchissable du silence. Puis ce fut le tour de Kerim. « Tu ne trouveras rien sur ta femme. Même si j'essayais, je ne pourrais jamais accéder à son dossier », lui répondit sobrement l'agent. Kerim n'en revenait pas, il explosa au téléphone : « Comment est-ce possible ? Elle doit bien se trouver quelque part ! Elle n'a pas disparu ! » « Tu sais, au Xinjiang, rien ne se passe comme dans le reste du pays », lui répondit l'homme, qui passait sa retraite loin de Karamay. D'après lui, les fichiers de ceux que l'on envoie dans des camps n'apparaissent pas dans les bases de données. Ou alors, ils sont si profondément cachés qu'ils restent impossibles d'accès. Même ceux qui jouissent de places confortables dans l'administration du Xinjiang vivent dans la crainte.

Avoir des relations ne suffisait pas. Me connaître était devenu compromettant, passable de prison. Le simple fait d'échanger avec une personne à l'étranger pouvait vous valoir des heures d'interrogatoire. Qu'est-il arrivé à l'agent et aux deux amies de Gulhumar ? Ont-ils été suivis ? Menacés ? Interrogés ? Accusés de collaborer ? Kerim et Gulhumar ne l'ont jamais su. Mais une chose était sûre : l'agent avait raison. Rien au Xinjiang ne se passe comme dans le reste de la Chine. Faire disparaître quelqu'un est bel et bien possible. Pis encore : c'est facile.

Gulhumar comprend qu'elle ne peut compter que sur

elle-même. Gulnigar est trop jeune. Kerim n'a pas le niveau de français suffisant pour porter leurs voix plus haut. Les manifestations, les drapeaux brandis au Trocadéro, les visages exposés des déportés ne servent à rien. Ils inspirent l'empathie des observateurs, pas l'action. De toute façon, Gulhumar n'a jamais aimé les manifestations. Alors, elle exècre qu'on la considère comme « une pauvre petite réfugiée ». Elle met tout en œuvre pour rencontrer des avocats, des hommes politiques, des journalistes. Son but : que plus personne n'ignore ce qui m'est arrivé.

Chapitre 4

30 janvier 2017.

Le refrain, bourdonnant, grandit. Comme si une main tripotait la molette du volume d'une radio. Plus fort. Encore plus fort. Ce sont des piaillements insupportables. Non, des cris d'enfants. Ils chantent la gloire du Parti communiste. Le rythme agressif du chant patriotique me saisit, alors que j'ouvre un œil, encore engourdie par le mauvais sommeil fiévreux de la nuit passée. La première en cellule. Tel un boomerang qui retourne vers son envoyeur, elle revient me tordre les entrailles : les larmes qui n'arrêtaient pas de couler, mon cœur que je ne sentais plus battre, mon estomac qui tressaillait sous le poids de l'angoisse. Et ce satané legging sale et trop fin, impossible à rabattre sur mes chevilles à cause des chaînes. Combien de temps ai-je dormi ? Quelques minutes ? Une heure ? Qui est cette jeune femme brune, lovée contre moi ?

Mon regard traîne sur les murs nus et gris de la pièce. Ses moindres détails miteux m'assaillent sous le néon criard qui n'en finit pas de nous éclairer, de jour comme de nuit. Mais déjà, le pas des gardes se fait entendre. Les filles, elles sont neuf, s'extraient des couvertures grises, le regard vide, et s'assoient en rang d'oignon sur le bord des lits, les paumes des mains à plat sur les cuisses. Il y a deux Ouïghours et sept Hans. Nous n'avons pas les mêmes traits. Nous ne sommes pas le même peuple. Les Ouïghours ont la peau olive, presque mate, et des traits anguleux, même sous les rondeurs de l'âge. Les Hans, eux, ont le teint clair et la peau épaisse des gens de l'Est. Les femmes sont minces, elles n'ont pas les courbes des Ouïghoures. Leurs origines sont asiatiques. Les nôtres, turques.

Je copie leurs mouvements tandis que trois personnes, un employé, visiblement un cuisinier escorté de deux gardes, pénètrent dans la pièce. Les filles se saisissent de leur bol. Je m'exécute aussi. Des mains me tendent un morceau de pain dur et j'entends le bruit dégoûtant d'un liquide qu'on verse dans mon bol. Soupe de riz grisâtre. Je suis prise d'un haut-le-cœur. La tête me tourne. Tout cela est-il bien réel ?

Parmi les filles, je reconnais alors la jeune femme brune, Ayshem. C'est elle qui m'a accueillie ici. Hier soir, à la fin de cette journée cousue de violence et d'injustice, sa gentillesse m'a saisie au cœur. Alors que je divaguais en vacillant sur mes chevilles prisonnières, elle m'a présenté les lieux endormis : le lavabo branlant d'où s'échappe un maigre jet d'eau glacée pour se « laver », le seau en plastique pour faire ses besoins, la rangée de lits en ferraille recouverts de couvertures fines où nous devons nous entasser chaque soir.

« Tu veux de l'aide pour te laver ? » m'a-t-elle demandé. À tâtons, elle m'a rincé les cheveux. Je l'ai fait rire en chancelant sous le poids des chaînes. On aurait dit l'un de ces clowns débiles qui feint de se prendre les pieds dans son pantalon trop grand. Une fois cet éclat de rire partagé, elle m'a fait une place au milieu des dormeuses. « Depuis combien de temps es-tu là ? », je lui ai soufflé alors que je m'empaquetais dans une horrible couverture synthétique. « Deux mois », m'a-t-elle répondu.

Ayshem a vingt-deux ans, quasiment l'âge de Gulnigar. Elle porte des cheveux noirs soyeux qui lui tombent jusqu'aux hanches. Elle a été arrêtée car sa belle-mère a envoyé de l'argent à une connaissance réfugiée en Turquie. Probablement un de ses enfants, mais Ayshem ne veut pas le dire. Quand les policiers sont venus chez eux, tout le monde a été embarqué : la belle-mère, son mari et elle. C'était il y a deux mois. Depuis, elle a appris qu'en détention sa belle-mère a perdu l'usage de ses jambes. On l'emmène aux interrogatoires sur un fauteuil roulant.

Aux yeux des autorités, les Ouïghours qui ont vécu à l'étranger ou qui y ont eu des contacts sont les plus dangereux. On les considère comme des espions. On leur réserve un jugement à la hauteur de la « grande trahison occidentale ». Depuis qu'elle est en cellule, les autres disent d'Ayshem qu'elle a été incarcérée pour « motif politique ». Cela nous fait un point commun.

Une voix grésille dans le microphone fixé dans l'angle du mur. Elle dégueule des phrases en mandarin que je ne comprends pas. Au Xinjiang, mon mandarin était parfait, mais chez nous on parlait ouïghour. Je n'utilisais le mandarin qu'à la Compagnie, quand la situation l'exigeait. En France, je l'ai rangé dans un coin de ma tête. Tiens, je n'avais pas remarqué ces caméras. Dans l'angle du mur, l'une d'elles cligne de l'œil. Elle tourne la tête pour suivre celles d'entre nous qui se déplacent du lavabo au lit, du lit au lavabo. *Bzzz, bzzz.* C'est insupportable. Elle se moque de nous, cette caméra. Elle nous humilie. Je la fixe et j'essaye de mettre toute la colère que j'ai dans les tripes. Dans ma tête, je la pulvérise avec mes regards haineux, voilés par les larmes qui dévalent le long de mes joues. La voix grésillante reprend son monologue. « Numéro deux? Présent! Numéro trois? Présent! » Au bord du lit, les filles se lèvent, droites comme des « I », à ce qui semble être l'appel de leur matricule. Je m'exécute aussi, tremblante.

À ce rituel militaire viennent s'ajouter un tas d'autres exercices, dont je ne sais toujours pas s'ils visent à nous abrutir le cerveau, à remplir nos journées vides ou à nous rééduquer avant même d'intégrer les camps. À ce moment-là, je n'y réfléchis pas. Je ne connais même pas l'existence des camps, d'ailleurs. Je me concentre sur l'instant: dans la cellule 202, absorber les codes de conduite me permet d'échapper aux pensées noires qui envahissent ma tête dès que je ne suis plus occupée. Ils évitent aussi les punitions, nombreuses, auxquelles le moindre faux pas nous expose. Dès l'appel terminé, les chuchotements reprennent dans la cellule. Dans le murmure qui s'élève, Ayshem s'approche de moi.

« La priorité, c'est que tu apprennes ça par cœur », me dit-elle en pointant du doigt une affiche rectangulaire plaquée sur le mur principal, en face de nos paillasses. Elle y définit les règles de la cellule 202, rédigées en ouïghour et en chinois. C'est une succession de devoirs abêtissants et de pseudo-droits, en réalité inexistants. Nous devons les connaître sur le bout des doigts car tous les matins il faudra les réciter. « Souvent, au hasard, la voix appelle l'une d'entre nous. Elle doit se lever, les bras le long du corps, et réciter le règlement en mandarin », m'explique ma nouvelle amie, « si tu hésites ou que tu ne t'en souviens plus, tu seras punie. » Punie ? Que vont-ils nous faire ? Sur le mur gris et froid, je fixe les règles. Je les avale sans broncher. Je ne veux pas être punie. Jamais. Alors j'apprends :

— Il est interdit de parler ouïghour.

— Il est interdit de prier.

— Il est interdit de se bagarrer.

— Il est interdit d'entamer une grève de la faim.

— Si une personne malade doit suivre un traitement médical, elle a interdiction de s'y soustraire.

— Il est interdit de ne pas respecter les ordres.

— Il est interdit de dessiner sur les murs.

— Il est interdit de ne pas respecter les normes d'hygiène.

Parmi les droits, j'arrive à lire « pratiquer son culte librement » et « obtenir un avocat pour sa défense[1] ».

Ça a été mon premier acte de résistance. Tout apprendre par cœur. Ne pas leur laisser le loisir ou le plaisir de m'humilier en me punissant.

1. Jamais, au cours de sa détention, Gulbahar n'obtiendra d'avocat pour la défendre, en dépit de ses demandes réitérées.

Chapitre 5

15 avril 2017.

J'ai été punie mais ignore pourquoi. Le garde est entré un matin et a attaché mes chaînes aux barreaux du lit, sans un mot. C'était il y a quinze jours[1]. Depuis, je vis assise contre la paroi du lit en ferraille, les fesses dans la poussière. J'arrive à me hisser sur le matelas pour la nuit.

Autour de moi, la vie de la cellule 202 recommence indéfiniment sous le néon increvable qui supprime toute notion du jour et de la nuit. C'est donc ça, la détention : une rotation de repas insignifiants apportés par des cuisiniers sourds-muets, sélectionnés pour leur handicap afin qu'ils ne révèlent pas ce qu'il se trame ici. Soupe de riz ou de farine de maïs, soupe de choux, pain sec, œuf hebdomadaire. J'ai beaucoup maigri, assez pour que mes deux index et mes deux pouces se touchent quand je serre les mains autour de ma taille. La détention, c'est aussi un défilé de zombies aux visages cernés, flottant dans des

1. Gulbahar est enchaînée vingt jours à son lit, du 1er au 20 avril 2017.

combinaisons orange de prisonnières. La pièce se vide et se remplit comme le vieux lavabo que nous partageons. Le jour, la voix chinoise braille dans le microphone. Elle ordonne chacun de nos mouvements, toujours suivis par le pivotement de la caméra à tête chercheuse. La nuit, elle me poursuit pendant les deux-trois heures de sommeil que j'arrive à accumuler.

Il y a deux mois et demi, à mon arrivée, nous étions neuf. Aujourd'hui, nous sommes une petite trentaine, quasiment toutes ouïghoures. Leurs noms m'échappent. L'une d'entre elles s'est rendue à La Mecque, une autre est accusée d'avoir vendu des CD religieux proscrits, d'autres encore d'avoir participé à un mariage sans alcool ou à l'anniversaire d'une amie qui porte le voile. Chaque jour, Ayshem m'aide à me laver et à faire mes besoins. Elle m'apporte le seau. Elle sèche mes cheveux à l'aide d'un carré en éponge. Depuis peu, elle m'appelle « maman ».

Il n'y a que les interrogatoires, imposés selon les lois d'une régularité qui nous échappent, pour rompre la monotonie mortelle de notre quotidien. Ils sont mon seul espoir. La garantie que quelque part, dans un commissariat du Xinjiang, des policiers examinent mon dossier et soupèsent les accusations qui m'accablent. La certitude qu'en France Kerim, Gulhumar et Gulnigar remuent ciel et terre pour savoir où je suis. Plus j'accumule d'entretiens, moins on m'oublie.

Dans la cellule 202, chaque convocation est un événement. La voix dans le microphone appelle le numéro de matricule. « Numéro sept, interrogatoire ! » Le numéro sept s'éloigne du groupe et s'approche de la porte, dont on entend déjà grincer les verrous. Les regards se tournent vers elle, mi-anxieux, mi-envieux. Parfois, certaines ne reviennent pas. Elles disparaissent aussi subitement qu'elles sont venues, un soir d'hiver, sous le néon criard. On ne sait jamais ce qui leur arrive. Sont-elles libérées ? Certaines veulent croire que oui. Moi, je n'ai pas d'avis. À chaque fois, la peur d'être condamnée à mort me prend aux tripes quand ils appellent mon numéro. Mais j'en doute. Ce que je sais, c'est que mon dossier leur donne du fil à retordre.

J'ai été convoquée trois fois en interrogatoire. « C'est beaucoup », m'ont dit les filles de la cellule. « C'est bon signe », a même glissé Ayshem. Kerim serait fier de moi. Je ne perds pas la face devant les policiers. Je ne m'effondre jamais. C'est peut-être pour ça, d'ailleurs, qu'ils m'ont accrochée au lit. La dernière fois, je suis allée trop loin.

C'était il y a quelques jours. Pour gagner la salle d'interrogatoire, il faut longer un boyau sans fenêtres, au sol recouvert de lino. Les policiers me menottent les mains dans le dos et me recouvrent le visage d'une cagoule en laine noire puante. Derrière ses mailles, je perçois les cellules alignées le long du couloir. 204, 206, 208. On les croirait vides. Pourtant, je m'en doute, elles sont pleines à craquer, comme la 202. Qui sont toutes ces personnes entassées dans chacune d'elles ? À gauche, un autre couloir se dévoile : celui des salles d'interrogatoire. Cliquettement de serrures, portes que l'on pousse d'un geste lourd. Une main invisible retire ma cagoule. Me voilà en face d'Ablajan, l'un des policiers qui m'interrogent depuis le début.

C'est un Ouïghour, un échalas d'un mètre soixante-dix au visage clair et émacié. Il ne porte pas d'uniforme. Son sourire pourrait m'être sympathique s'il n'était pas mon bourreau depuis deux mois et demi. Comme à chaque fois, il ordonne aux gardes de m'asseoir sur la chaise en face de lui. Comme à chaque fois, les deux qui m'escortent s'exécutent sans ménagement. Ils fixent mes poignets endoloris à deux pinces vissées sur les accoudoirs, puis ils quittent la pièce. Un mur surmonté d'une forêt de barreaux nous sépare l'un de l'autre. À sa gauche, il y a une chemise rouge bourrée de photos et de feuilles volantes tamponnées au bas. Mon dossier.

À chaque fois, le bras de fer commence par ce geste: Ablajan ouvre le paquet de feuilles sous ses yeux, il l'épluche avec nonchalance, ponctuant le silence de la salle de petits raclements de gorge comme s'il tiquait sur une photo ou un document. On dirait un joueur qui examine ses cartes, en soupèse les atouts et les faiblesses. Parmi elles, il y a la photo de Gulhumar agitant le drapeau bleu ciel du Turkestan oriental dans la manifestation parisienne. Ses yeux rieurs et son sourire éclatant, coincés entre un bulletin de paye et un contrat de bail. C'est la colonne vertébrale du paquet de feuilles, la seule raison pour laquelle ils me retiennent prisonnière de quatre murs. Au gré des interrogatoires, il la tire à plusieurs reprises et la place en évidence sur un coin de la table. Des heures durant, il ponctue ses questions de la même phrase sans appel: « Ta fille est une terroriste. » Des heures durant, je lui oppose avec fermeté la même réponse: « Non, ma fille n'est pas une terroriste. Je ne sais pas pourquoi elle a été à cette manifestation. »

Alors, pour fatiguer mon esprit déjà broyé, il me tend des pièges. La conversation s'engage sur les détails de notre vie de réfugiés en France: « La vie en France, c'est bien? Qu'est-ce que tu faisais comme métier là-bas? » Soudain, il plaque l'image d'un Ouïghour exilé à l'étranger sous mon nez:

« Et lui, tu le connais ?

— Jamais vu.

— Et elle ? Et lui ?

— Je ne les connais pas, je te dis. »

C'est faux. Parfois, le visage d'une connaissance ou d'un ami apparaît dans les chapelets de photos prises lors de manifestations dans des capitales européennes. Mais je nie toujours. Si je laisse Ablajan s'engouffrer dans cette brèche, je suis foutue : il rapportera à son supérieur que je fréquente des « terroristes ». Ce sera un aller simple pour la prison. Ou pire, la peine de mort. Alors je continue de serrer les dents, de parer les coups. Je ne me laisse plus surprendre par ses stratagèmes. J'en connais toutes les ficelles. Les photos s'accumulent pêle-mêle devant moi. Je suis effarée par sa collection de visages capturés : des femmes de mon âge, des hommes de l'âge de Kerim, mais aussi des visages juvéniles, ceux d'adolescents. Qu'avons-nous fait de mal ? À travers le monde, la Chine poursuit des adolescents ouïghours. Quelle menace représente un adolescent exilé ? Le Parti communiste nous traque comme des rats.

Plus je tiens tête, plus je réalise que l'épais dossier bourré de chefs d'accusation n'est qu'un leurre pour m'intimider. Souvent, la conversation glisse sur une mer de détails administratifs de l'année 2006, à l'époque où nous avons quitté le Xinjiang. Ablajan se perd dans le puits sans fond des procédures chinoises qui précèdent tout départ à l'étranger : la mise en location de notre appartement, la fin de la scolarité des filles, mon congé sans solde à la Compagnie. Son air soupçonneux et ses questions idiotes m'agacent. Je suis emprisonnée pour « troubles à l'ordre public en réunion » et ce fonctionnaire me parle de paperasse ?

« Pourquoi la France t'a donné un titre de séjour de dix ans ?

— Je ne sais pas, c'est la procédure là-bas quand on est étranger.

— Ton passeport n'était valable que cinq ans.

— Je l'ai fait renouveler à l'ambassade.

— La France, ils protègent les terroristes comme toi ?

— Je ne sais pas, tu n'as qu'à leur demander ! »

Visiblement, ils n'ont pas grand-chose sur moi. Preuve en est, la menace et l'intimidation deviennent vite la trame de ces journées passées au-dessus de la chemise rouge. Dans ces moments-là, alors que la lassitude grimpe le long de ma colonne vertébrale, je pense au courage de Rebiya Kadeer[1]. Le visage des Ouïghours exilés à l'étranger, emprisonnée à Urümqi de 1999 à 2005 pour « trahison d'État » après avoir transmis des documents « sensibles » à son mari, réfugié politique aux États-Unis. Pour nous, les prisonnières de la 202, elle est un modèle de bravoure. Parmi ses six années de prison, elle en a passé deux à l'isolement, dans une cellule de quatre mètres carrés plongée dans le noir. Penser à sa force m'en donne.

« On a des espions en France. Si tu nous mens, eux nous diront la vérité. Tu devrais nous craindre.

— Ils pourront vous dire que je suis innocente ! Je n'ai pas peur car je n'ai rien fait !

— Si tu continues à nier, tu ne rentreras jamais en

1. Rebiya Kadeer, qui vit désormais à Washington, était la présidente du Congrès mondial des Ouïghours de 2006 à 2017, dont le siège est basé à Munich, en Allemagne.

France, tu m'entends ? Tu ne reverras jamais ton mari et tes enfants !

— Eh bien, ce n'est pas grave, non, ce n'est pas grave du tout : tant qu'ils sont heureux là-bas, je suis heureuse. »

Je crois que je l'ai énervé cette fois-là.

Ces chaînes me font mal. Depuis que je suis enchaînée au lit, mes chevilles gonflent sous leur poids. Même si aucune fenêtre ne nous permet de le constater, il flotte un air de printemps dans la cellule 202. La porte attenante à notre cellule donne sur une cour fermée mais sans toit, ouverte sur un carré de ciel. De temps en temps, les gardes nous autorisent à aller nous y dégourdir les jambes. Au froid glacial qui rongeait ses murs succède depuis peu une brise légère, pleine de la poussière du désert qui dessèche nos paupières. Pendant des poignées de minutes, nous foulons la terre battue au rythme des ordres du haut-parleur. Attachée, même cet exercice humiliant me manque.

Je suis comme l'un des murs de la pièce. Je contemple, mutique, le carré d'espace central où les filles déambulent. Parfois, les gardes s'adoucissent, comme si le climat moins rude apaisait leur rigidité. Avant la soupe du soir, à dix-sept heures, il arrive que l'une d'entre nous ait l'audace de danser. La musique ouïghoure est proscrite ici. Personne n'ose en quémander. Alors, certaines imaginent les notes des chants qui nous sont chers. Elles ne les fredonnent pas, mais tout d'un coup on les entend presque résonner dans la pièce tandis qu'elles esquissent quelques pas timides. L'une d'entre elles invite de la main sa voisine, et ainsi de suite. La danse ouïghoure reprend ses droits sur les corps qui se cambrent et tournoient comme pour laisser flotter les volants des jupes. Lors de ces brèves éclaircies, les visages aux traits marqués par l'attente se détendent. Avec un peu d'imagination, je distingue les sequins qui scintillent sur les gilets, la soie qui se froisse entre les jambes des danseuses qui sautillent d'un pied sur l'autre, le cliquetis des bracelets qui se répondent sur les poignets. Oui, avec un peu d'imagination, je redonne vie au mariage de Gulhumar.

J'aime regarder les femmes, mais moi je n'ai jamais aimé danser. C'est étonnant pour une Ouïghoure. Au Xinjiang, entre le silence du désert et les vociférations des mobylettes, il y a la musique, avec ses *naghras* (tambours), ses *sunays* (hautbois) et ses *dotârs* (luths). Elle s'invite aux coins des rues, dans les fêtes religieuses et les réceptions. Les voix se lamentent ou exultent dans le lit des notes. Je ne comprends pas pourquoi ils nous autorisent à danser ici, coincées entre le carrelage poussiéreux et le néon increvable. Après nous avoir volé jusqu'à notre dignité et notre nom, pourquoi nous laissent-ils ce dernier plaisir? Peut-être pour mieux nous le reprendre quelques minutes plus tard. Peut-être aussi pour nous laisser croire que la volonté de la Chine de faire disparaître la culture ouïghoure n'est qu'une illusion. Que nous aurions tout inventé.

Pourtant, nous, coupables de rien mais coupables quand même, sommes bien incarcérées! C'est l'art de la répression du Parti communiste chinois: bannir tout en autorisant. Corriger en honorant. Emprisonner en éduquant. De nos amis de Karamay, pas un seul ne pouvait affirmer avec conviction qu'il était discriminé par sa naissance. « Ils sont devenus méchants, c'est vrai », glissait un ami dans un dîner, alors que je lui contais, gênée, mes problèmes de passeport en janvier. « C'est devenu de plus en plus difficile de trouver du travail, oui, Kerim avait raison », me disait un autre. Mais comme toujours, les discriminations se perdaient dans les illusions de liberté. Le folklore de la musique et de la danse mis à l'honneur dans les cérémonies officielles des dirigeants de la province ou les compliments des Hans, célébrant la beauté des femmes ouïghoures.

Quand la musique dans nos têtes s'arrête au pas des gardes ou au grésillement du micro qui annonce l'heure de la soupe, les femmes restent quelques instants haletantes, les cous tendus. Les corps interrompus, surpris dans l'intimité de la danse, oscillent, encore habités par les notes qui s'évaporent de la 202. Les respirations retombent en escalier, la poussière reprend l'aspect d'une fine pellicule au sol. Les esprits regagnent la vie fade et monotone de la cellule. Elles s'assoient en tailleur, parfois en petits cercles. Le soir arrive. Les murmures s'élèvent, bourrés de souvenirs de mariages et de fêtes. Quelques rires coulent dans le flot des chuchotements.

Souvent aussi, il arrive que l'on parle de l'après. Nous sommes les habitantes d'un espace-temps intermédiaire qui prendra fin demain ou dans cent jours, qui sait. Avachies les unes sur les autres, les yeux humides, certaines parlent de la prison. Elles ont des frères, des oncles, qui ont déjà été envoyés là-bas. Les voix s'étranglent en empilant des détails sordides et poisseux : la torture, le froid, les rats, la faim, le noir. À chaque fois, mon cœur devient lourd comme la pierre, mon estomac gronde d'angoisse. Je ne veux pas aller en prison. Si j'y suis envoyée, je sombrerai. J'y mourrai.

Heureusement, les filles parlent aussi des « écoles » : une sortie de la maison d'arrêt par le haut. Après avoir passé dix ans en France, je suis novice en matière de répression. Les paramètres du bunker qu'est devenu le Xinjiang m'effleurent pour la première fois. Je n'avais jamais entendu parler de ces mystérieuses formations. Le gouvernement les a créées pour « corriger » les Ouïghours, dit-on. Et aussi, soi-disant, pour leur permettre de trouver un travail. Mais je n'ai pas besoin de travail moi, je vis en France ! Et quand bien même je vivrais encore à Karamay, j'ai déjà un travail ! Je suis ingénieur dans le pétrole. Dans la 202, les femmes racontent aussi qu'on suit dans ces lieux les enseignements de professeurs hans, comme dans une école normale. Une fois la formation validée (elle peut durer plusieurs mois), les élèves sont libres de rentrer chez eux.

J'imagine des salles de classe remplies d'élèves ridés et cernés, leurs cheveux noirs parsemés de mèches blanches, revêtus des uniformes noir et jaune, comme ceux que, petites, Gulbahar et Gulnigar enfilaient le matin avant d'aller à l'école du quartier à Karamay. Tout ça ne me dit rien qui vaille, mais mon état de fatigue et d'angoisse a depuis longtemps eu raison de ma lucidité. Qu'est-ce qui pourrait être pire que la 202 ? Les descriptions de mes codétenues m'affament : les repas, chauds et variés, sont servis dans une vaste cantine que les écoliers quittent pour rejoindre leur dortoir en début d'après-midi pour une courte sieste, puis le soir pour la nuit. Dans la salle de bains (depuis combien de temps n'ai-je pas entendu ce mot ?), des régiments de miroirs alignés accueillent les reflets des femmes, autorisées à se coiffer et se maquiller. Et, surtout, les élèves peuvent téléphoner à leur famille. S'ils m'envoient dans l'une de ces écoles, je pourrai appeler Kerim ou ma sœur, Madina. Je pourrai leur raconter ce cauchemar dont je ne parviens pas à m'éveiller.

L'heure du dîner approche. Aucune horloge ne peut me le confirmer, mais mon ventre vide se tord comme un chiffon mouillé que l'on essore. Alors que les filles se disputent autour de différentes versions des écoles, d'autres se sont remises à chanter à voix basse : « Il y a mes parents qui attendent dehors, je dois les voir », murmurent plusieurs d'entre elles, lovées sur le bord du lit. C'est un poème ouïghour. Elles le chantent la tête basse, pour que l'œil increvable de la caméra ne voie pas leurs lèvres remuer. Sinon, on les accusera de prier. Elles seront placées à l'isolement dans une autre cellule, enchaînées au barreau du lit comme moi, à cet instant. D'autres pleurent, silencieuses et prostrées. Dans le petit groupe, une voix tranche, forte et sentencieuse : « Si le dossier est mauvais, ils te punissent. C'est la prison. S'il est bon, on t'envoie à l'école. »

Je veux aller à l'école. Mon Dieu, faites qu'ils m'envoient à l'école.

Chapitre 6

5 juin 2017.

« Regarde, c'est Gulbahar.

— Tu es sûre ?

— Oui, oui, regarde ! »

Les policières qui gardent l'entrée de la maison d'arrêt baignent dans un rayon de soleil. Elles chuchotent comme deux puces excitées, en me jetant des regards en coin. À contre-jour, leurs ombres gigotent sur le carrelage de l'accueil, un damier gris aux striures sales. Il n'a pas changé, ce carrelage. Les mois l'ont tapissé d'une poudre sèche apportée par le vent. Un employé de la maison d'arrêt la repousse à la force de son balai : de petits monticules trônent çà et là, dans les recoins de la vaste pièce aux murs en crépi sale. La dernière fois que mon regard s'est arrêté dessus, c'était lors de mon arrivée, en janvier. Les policiers secouaient sous mon nez la feuille consignant mes aveux pour « trouble à l'ordre public ». Un stylo posé sur le comptoir de l'accueil attendait que je m'en saisisse pour parapher le document. Moi, tétanisée par les hurlements du groupe dont je ne percevais que des bribes terrifiantes

(« coupable », « terroriste », « espionne »), je fixais d'un œil vide les striures cimentées du carrelage.

Je patiente dans une cellule miteuse. Séparée du reste de la pièce par une forêt de barreaux, elle accueille les nouvelles détenues. Mais aussi celles qui s'apprêtent à partir, comme moi. Une cabine en tissu noir, qui ressemble étrangement à un isoloir pour voter, siège en plein milieu. À mon arrivée en janvier, il y régnait une puissante odeur de chaussette sale tandis que j'enfilais, grelottante, la combinaison orange des prisonnières. Je troquai ma pile de vêtements contre un legging kaki crasseux, une paire de chaussons noirs puants, une couverture fine, un gobelet en plastique et une tête de brosse à dents. L'intégralité de mon trousseau pour les prochains mois.

Dans la même cellule, qui sent toujours la chaussette puante, j'assiste cette fois au rituel inverse. Une employée impassible m'apporte les vêtements que je portais le premier jour. Comme moi, ils ont passé l'hiver prisonniers d'un placard. Dans l'obscurité de l'isoloir, je me débarrasse de ma panoplie dégoûtante, devenue avec le temps une sorte de seconde peau dont je peine à m'extirper. Le zip de la combinaison est rouillé ; le tissu rugueux des manches et des jambes, cartonné par le froid, la chaleur et la sueur dans laquelle j'ai macéré pendant tout ce temps (on ne m'en a pas fourni d'autre).

Ma détention est terminée. C'est fini. Rahmanjan, l'un des policiers, m'a convoquée trois jours plus tôt. « Tu vas partir à l'école », m'a-t-il simplement annoncé. Je n'ai pas pu réprimer le soulagement qui a envahi ma poitrine. Rahmanjan a esquissé un clin d'œil en voyant mon visage contracté se détendre dans un sourire coincé. Il m'a dit que ma mère et ma sœur étaient passées lui déposer des affaires pour moi. Mais il ne les a pas autorisées à me voir. Je l'ai regardé sans comprendre, interdite. Les larmes coulaient sur mes joues creusées sans que je puisse les arrêter. Pourquoi me le dire maintenant ?

Dans le brouillard que forment toutes ces nouvelles, relativiser m'est vital, je me concentre sur le moment présent, pleine d'espoir : je pars à l'école ! Je ne vais pas croupir dans une prison insalubre pendant des années, mais suivre une « formation » ! Si je fais preuve de discipline et de rigueur au travail, je pourrai même sortir « dans quelques mois », a-t-il ajouté. Ça tombe bien : j'ai toujours été disciplinée et rigoureuse.

Hier soir, avec les filles, nous avons beaucoup pleuré. Nous sommes cinq dans la cellule à avoir réussi la sélection pour l'école. Mon cœur a bondi quand Ayshem m'a dit qu'elle aussi en faisait partie. Forcément, nous nous sommes toutes demandé ce qu'il adviendrait des restantes. Certaines ont entonné des chants tandis que d'autres me tressaient les cheveux. Elles bourdonnaient comme des mouches autour de ma tête. Nous avons ri discrètement. Oui, la fin de ce cauchemar est proche. Il ne me reste plus qu'à m'habiller puis m'acquitter de quelques documents. Ensuite, je serai dehors.

Je chancelle sur mes pieds. La tête me tourne. Tout mon corps nu craque comme le toit en tôle d'une vieille baraque qui menace de s'effondrer sous les bourrasques. Mais je n'ai pas envie de me plaindre. Je passe avec bonheur une première jambe dans le pantalon noir, puis la seconde. Quelle sensation étrange ! Ils m'ont libérée des chaînes ce matin, avant que je ne quitte la 202. Ils les ont explosées à coups de marteau car la tête de la petite clé utilisée pour ouvrir le loquet s'est brisée dans la serrure oxydée ! J'en porte encore les stigmates sur les chevilles où un dépôt de rouille reste imprimé, un peu comme ces motifs ouïghours que les femmes peignent au henné sur leur corps pour les mariages.

La peau de mon dos, qui autrefois se gonflait de part et d'autre du soutien-gorge, reste lisse sous la pression des agrafes. Mes seins reprennent une forme enflée dans les balconnets de dentelle noire. Après tout ce temps, il s'en échappe encore des effluves de mon parfum, Narciso Rodriguez. C'est incroyable ! Je retrouve l'association sophistiquée du musc et de la rose ; et cette note de patchouli, lointaine mais tenace, qui lui succède. Le temps les a fait vieillir au fond du casier. À Boulogne, je m'en aspergeais deux *pschitts* dans le décolleté chaque matin. À l'heure qu'il est, le flacon doit dormir dans un recoin de ma valise, abandonnée dans la chambre d'amis chez ma mère, à Ghulja. Pauvre maman, elle doit se faire un sang d'encre…

Une fois rentré dans mon pantalon slim sombre, le sous-pull flétri embrasse la taille débarrassée de ses anciennes rondeurs. Deux petites boules posées sur les hanches qui se sont installées là au fil des grossesses. Je découvre ce corps, circonspecte mais pas triste. Faute de miroir, je l'explore sous la paume de la main, attentive aux champs de bataille laissés par la malnutrition, la peur et les insomnies. C'est comme si on m'avait donné une nouvelle enveloppe. Dans la pénombre de la cabine, je me l'approprie. Bizarrement, je trouve une certaine allure à la finesse des poignets et des chevilles, au galbe des fesses et à la chair tendue autour du nombril. Une prisonnière traumatisée et exsangue ne devrait-elle pas ressentir du dégoût ou de la haine pour son corps ? Après tout, il est le reflet de son épreuve. Il le lui rappelle à chaque souffle fatigué qu'elle expire dans l'effort et quand elle croise son reflet osseux dans le miroir. Ce n'est pas mon cas. Au contraire, la coquetterie de retrouver mes vêtements m'emplit de force. C'est futile mais je crois que je me sens belle !

Chez nous, les Haitiwaji, l'apparence a toujours revêtu une certaine importance. Elle se distille de génération en génération. On ne voue pas un culte à la beauté, toute subjective, mais plutôt à une esthétique raffinée dont les femmes prennent soin de s'enrubanner avec force bijoux, étoffes et fragrances. La féminité se transmet de mère en fille, au même titre que l'accueil ou la générosité. Elle se loge dans le choix soigneux des vêtements, bien sûr, mais aussi jusque dans l'assortiment d'une table ou la savante composition épicée d'une sauce. Je me souviens encore des cris de Gulhumar quand, petite, je boutonnais le dos de sa robe blanc satiné. Piétinant dans la salle de bains, elle s'agaçait de ces tenues inadaptées aux virées à vélo dans les ruelles de Karamay. En retour, je pestais de la voir rentrer ébouriffée et m'empressais de la passer sous la douche, dont elle ressortait rouge comme un crabe. Ce n'était ni évident pour elle, qui aurait tellement préféré être un garçon, ni pour moi qui, en héritière de ce patrimoine féminin encombrant, tentais de la façonner. Boudeuse et colérique, elle refusait ce moule. Trop étroit. Trop inconfortable. Au fond, j'admirais son courage.

Le râle d'un moteur qui s'éteint me ramène à la cabine de la cellule. Derrière le rideau de la cabine, je devine quelques policiers qui déambulent dans l'accueil. Il ne manque plus que le dernier accessoire : un col roulé moelleux, trop chaud pour l'atmosphère estivale. Je le passe en prenant soin de ne pas défaire le tressage de mes cheveux, avant de m'extraire de la cabine puante. La serrure tourne dans la porte en ferraille. Me voilà dehors.

Portefeuille. Carte d'identité. Titre de séjour. Argent. Rien. On ne m'a rien rendu à l'accueil du commissariat comme il est d'usage à la sortie d'une garde à vue. Où est passé le sac à main que je portais le jour de mon arrestation, en janvier dernier ? Qu'en ont fait les policiers ? L'ont-ils détruit ? L'idée de savoir mon titre de séjour brûlé ou déchiqueté en petits morceaux me serre le cœur. Comment ferai-je pour regagner la France si je n'ai plus de titre de séjour ? Mais, déjà, mon angoisse se dissipe car j'entends à l'entrée les murmures émaillés de gloussements des deux sentinelles qui persévèrent.

« Regarde comme elle est jolie !

— Oui, elle a maigri. Elle est méconnaissable. »

Enivrée par la lumière du dehors et la petite musique de leurs flatteries, je les frôle d'un pas que je veux lent et assuré. Elles sourient sur mon passage, comme si nous étions de vieilles amies. « Au revoir Gulbahar », lance l'une d'elles. Je réponds à peine. La doudoune en plume que je portais à mon arrivée gît sur mon bras. Elle me donne une contenance alors que je quitte sans me retourner cet enfer. Pas question de leur laisser penser que la soupe de riz, les chaînes et le néon blanc de la 202 m'ont brisée. Les mains ainsi prises, je retrouve le délicieux sentiment de liberté que procure le fait de marcher vers un but : le break aux vitres teintées qui m'attend, le flanc ouvert, sur le parking jouxtant la maison d'arrêt. Plusieurs femmes y patientent déjà. Les yeux mi-clos, je savoure encore les effluves rescapés du patchouli dans mon soutien-gorge. Ils caressent mes narines un bref instant, le temps de dévaler les trois marches de l'entrée et de parcourir la cour en terre battue où quelques policiers tirent sur leurs cigarettes en grattant le sol du bout du pied. Je ne sais pas ce qui m'attend, mais ce sera toujours mieux que la cellule 202. La portière claque derrière moi. Une puissante odeur de clim dissipe Narciso Rodriguez. Direction : « l'école ».

Chapitre 7

10 juin 2017.

« Droite ! Gauche ! Repos ! » Nous sommes une quarantaine de femmes en pyjama bleu dans la pièce. C'est une salle de classe rectangulaire et quelconque. Elle ne doit pas faire plus de cinquante mètres carrés. Un large store en ferraille, piqué de petits trous laissant passer des rayons de lumière, dissimule toute vie extérieure. Onze heures par jour, le monde se réduit à cette pièce. Les chaussons crissent sur le lino tandis que les deux militaires hans continuent de battre la mesure. Mes codétenues et moi suivons un « entraînement physique ». En réalité, c'est une véritable formation militaire. Nos corps épuisés parcourent l'espace d'un seul et même mouvement homogène en long, en large, en travers. Quand le militaire braille en mandarin : « Repos ! », notre régiment de prisonnières s'immobilise. Il nous ordonne de rester statiques. Cela peut durer une demi-heure, mais aussi une ou plusieurs heures. Dans ce cas, les fourmis commencent à grimper le long de nos jambes. Les corps encore chauds et fébriles luttent pour ne pas tanguer sous la chaleur moite. Les haleines fétides se répandent. Nous soufflons toutes comme des bœufs, il n'y a pas assez d'oxygène ici. Parfois, certaines s'évanouissent. Si une prisonnière reste inconsciente malgré les cris des surveillants, l'un d'eux vient la relever sans ménagement avec une paire de claques. Si elle s'effondre à nouveau, ils lui font quitter la pièce et on ne la revoit plus jamais. Au début ça me choquait. Maintenant, je trouve ça banal.

Depuis trois jours, quand je ne suis pas au bord des larmes, il m'arrive de réprimer un gloussement de rire tant ce spectacle est ridicule : le ton martial des deux hommes et notre chorégraphie de quarante petits soldats de pacotille. En face de notre rang d'oignon impeccable, le portrait de Xi Jinping. Son visage de lune et son sourire paternaliste sur un fond bleu azur. On se croirait sur la place Tiananmen à Pékin. Coincé dans son cadre, il nous regarde labourer la pièce, les bras sagement croisés derrière le dos, comme lors des défilés militaires annuels. Je voudrais lui crier à la figure que toute ma vie je resterai une femme libre, que son système ne parviendra jamais à me briser.

Trois jours que je suis ici. Ils ont dit que la formation en durerait quinze. Ensuite, les cours théoriques commenceront. Je ne sais pas comment je vais tenir. Ça m'étonne, je ne me suis pas encore effondrée. Nous sommes à Baijiantan. Entre la maison d'arrêt et « l'école », c'est la seule information que j'ai réussi à glaner sur un panneau planté au milieu d'un fossé desséché où valsaient quelques sacs plastiques. Baijiantan est l'une des banlieues de Karamay. Rien au-delà des trois bâtiments qui font la taille de petits aéroports, si ce n'est une palissade touffue de barbelés et le désert à perte de vue.

Parmi les quarante nouvelles arrivées, il y a de petites dames ployant sous la toile épaisse du pyjama bleu, des adolescentes fanées qui flottent dedans, des femmes comme moi, voûtées par la fatigue et les nuits sans sommeil sur les paillasses. Nadira en fait partie. Elle se tient devant moi, bien droite dans la rangée. C'est la seule personne avec qui j'ai vraiment sympathisé. Je l'ai rencontrée le premier jour. Quand les gardiennes ont ouvert la porte de ma « chambre », elle patientait seule, au milieu du dortoir où s'alignaient des planches de bois surélevées et numérotées : nos lits. On m'avait assigné le 9. Elle était le 8. Ce hasard a suffi à nous rapprocher. Mon arrivée l'a soulagée, ça faisait plusieurs heures qu'elle était là. « Pourquoi tu sens si bon ? », a-t-elle demandé aussitôt. Je lui ai raconté le soutien-gorge récupéré dans le casier de la maison d'arrêt. On a ri de l'anecdote. Ses yeux brillants m'inspiraient confiance. Pour une fois, je ne me méfiais pas. « Je peux le partager, le soutien-gorge, si tu veux. Je n'aurai qu'à le mettre entre nos lits le soir, comme ça on pourra le sentir toutes les deux. » L'idée lui a plu. « Oh, tu ferais ça ? C'est vraiment gentil, Gulbahar, merci ! »

En échange des effluves de Narciso Rodriguez, elle m'a fait découvrir les lieux, dont émanait encore une odeur entêtante de peinture fraîche : le seau pour faire ses besoins, dans lequel elle a shooté d'un coup de pied rageur, la fenêtre recouverte d'un store métallique (qu'on ne peut pas remonter) et les deux caméras pivotantes postées dans les angles du plafond. C'est tout. Pas de matelas sur les paillasses. Pas de meubles. Pas de linge. Pas de lavabo. Juste nous deux dans la pénombre étouffante, les vapeurs alcoolisées de la peinture et le claquement lointain des lourdes portes de cellules que l'on referme.

Nadira parlait beaucoup ce jour-là. Elle déambulait dans la pièce comme une lionne en cage tout en projetant des bribes de son histoire contre les murs. Elle était animatrice sur une chaîne de télévision culturelle de Karamay. Une « émission super » en langue ouïghoure, « ça passait le soir », a-t-elle précisé devant mon air interdit. Elle voulait devenir danseuse professionnelle, et faire l'ouverture de cérémonies politiques officielles au Xinjiang. Ça n'a pas marché. Alors, la télé, c'était une issue honorable. Il y a quand même la scène, le jeu des lumières, l'excitation du direct. Et puis, Nadira a ce physique spécial. Cette beauté qui « prend bien la lumière », comme elle dit. Bref, c'était son truc. Elle vivait dans une jolie résidence privée du centre-ville avec ses enfants et son mari. Un jour, des types en civil ont débarqué à sa porte. « Tu sais qu'il est interdit de prier ? » lui ont-ils dit. « Je ne sais pas comment ils savaient. C'est vrai, ça m'arrivait de prier », a-t-elle chuchoté, comme si les caméras pouvaient nous entendre (peut-être qu'elles le peuvent ?). Ils n'ont pas dit où ils l'emmenaient. Elle a juste entendu le même mot que moi, « école ». C'est là qu'elle s'est retrouvée à Baijiantan. J'ai compris que nous n'étions pas dans une école, mais dans un camp.

En formation, on nous enseigne aussi des chants patriotiques. « Vous devez les connaître par cœur, sinon on vous punira. » On coasse ces refrains à longueur de journée. Comme Nadira a une jolie voix, les deux militaires lui ont donné une mission particulière. Quand ils le lui ordonnent, elle sort du rang et vient se placer à côté d'eux. Elle lève la main droite pour entonner l'hymne national et, à son signal, nos voix enrouées de s'être trop tues s'élèvent dans la salle de classe : « [...] Debout ! Debout ! Debout !

Nous qui ne faisons plus qu'un. Bravons les tirs ennemis, marchons ! Bravons les tirs ennemis, marchons ! Marchons ! Marchons ! Marchons[1] ! » C'est ridicule.

Dans la 202, nous étions livrées à nous-mêmes. L'oisiveté, notre fardeau quotidien, nous ôtait toute faculté de penser. Seul l'ennui, mâtiné par le temps qui s'étire, occupait nos esprits. On mourait d'ennui pendant de longues journées. Mon Dieu, qu'est-ce qu'on s'ennuyait ! On tournait en rond alors que notre seule envie était de sortir, de courir, de hurler.

Ici, le stage militaire nous brise. La fatigue physique nous coupe l'envie de parler. Les gardes nous réveillent à coups de sifflet, pareil pour les repas et le coucher. Les déjeuners et les dîners se succèdent sans que nous ayons le droit de parler. Des surveillants tournent autour de nous. Si l'une d'entre nous chuchote ou s'essuie la bouche, ils l'accusent de prier. Si on refuse un plat, ils lui ordonnent de le terminer en la traitant de « terroriste islamiste ». Ils affirment que la nourriture est *hallal*. Nous n'avons pas d'autre choix que de l'ingurgiter. Le soir, je m'écrase abrutie sur ma paillasse à côté de Nadira et je sombre. Je ne sais jamais quelle heure il est. Je la devine grâce à la température. Il n'y a pas d'horloge. Les gardes me terrifient.

Nous n'avons pas vu la lumière depuis notre arrivée. Ils recouvrent toutes les fenêtres de ces maudits rideaux de fer. Je me débats seule avec moi-même. Mais à quoi bon enrager ? Autour de nous, il n'y a que le désert. On ne m'a pas donné de téléphone, comme me l'avait promis Rahmanjan. À part lui, personne ne sait que je suis détenue ici. A-t-il prévenu ma sœur et Aynur ? Kerim et

1. *La Marche des volontaires.*

Gulhumar ? C'est un cauchemar éveillé. Je ne peux même pas m'en ouvrir à mes codétenues, car en cellule les caméras nous regardent en permanence. Et puis, je suis fatiguée, si fatiguée de retourner cette situation dans ma tête. Je n'arrive plus à réfléchir.

L'heure de sieste me sauve. Après le déjeuner, environ une demi-heure, les gardes nous reconduisent dans nos cellules. Là, nous avons le droit de nous allonger sur les paillasses. Certaines codétenues sommeillent, d'autres chuchotent. Pour moi, ce moment est une escapade dans mon jardin secret. Personne ne peut m'empêcher d'y aller. Il se trouve dans ma tête. Tous les jours, bercée par la respiration régulière de Nadira, j'y retourne cultiver des souvenirs heureux. Ils me rappellent d'où je viens. Grâce à eux, je ne perds pas totalement pied. Dans un demi-sommeil, je reprends le fil de mes pensées là où je l'ai laissé la veille. Barcelone, Fontainebleau, les jardins de Giverny, les petites villes des Yvelines que nous traversions en voiture le dimanche, le coffre chargé de fruits, de légumes et de fleurs rapportés de la ferme de Viltain. Je laboure chacun d'eux par ordre de préférence. Je les trie de façon chronologique. Je les ressuscite avec force détails. « À quoi tu penses ? » me murmure souvent Nadira, la voix pâteuse. Les larmes montent. Ma gorge se serre. Je ne veux pas me mettre à pleurer sous l'œil des caméras. À la place, je fixe le plafond blanc. « À rien. »

Baijiantan est un immense labyrinthe. Pour chaque activité, on se déplace en groupe de cellules, escortées par une poignée de gardes. Passée la sieste, il est impossible d'avoir le moindre moment d'intimité. Pour rejoindre la salle de bains, les toilettes, la salle de classe ou le réfectoire, nous empruntons une succession de couloirs interminables éclairés par des néons. À chaque extrémité, un sas de sécurité aux portes automatiques clôt le boyau. C'est une certitude, ce camp vient de sortir de terre. Tout y est neuf. L'odeur de la peinture qui s'échappe des murs immaculés nous le rappelle partout.

On se croirait dans les locaux d'une usine, mais je n'en ai pas encore mesuré toute l'étendue. À Baijiantan, le quotidien se résume au même circuit triangulaire : cellule-salle de classe-réfectoire. Seule la quantité de prisonnières et de gardes croisés lors de nos déplacements groupés me permet de penser que ce camp est gigantesque. Tous les jours, je découvre de nouveaux visages de zombies aux paupières lourdes. En chemin, je n'ai pour l'instant jamais rencontré le même groupe de prisonnières. Le premier jour, il n'y avait que Nadira et moi dans notre cellule. Le soir même, nous étions sept. Aujourd'hui, nous sommes douze.

Il me suffit de faire un rapide calcul : j'ai recensé seize cellules, en comptant la mienne. Chacune possède douze lits, où sont entassées douze prisonnières. Si l'on multiplie le nombre de cellules par celui des prisonnières, cela fait près de deux cents détenues à Baijiantan. Deux cents prisonnières arrachées à leurs familles. Deux cents vies enfermées ici jusqu'à nouvel ordre. Et le camp continue de se remplir à vue d'œil.

On reconnaît les nouvelles comme moi à leur œil hagard. Dans les couloirs, elles cherchent les autres du regard. *A contrario*, celles qui sont là depuis plus longtemps fixent leurs pieds. Elles se déplacent en rangs serrés, tels des robots militaires. Elles s'arrêtent au garde-à-vous, sans sourciller, quand un coup de sifflet le leur ordonne. Bon sang, mais qu'ont-ils bien pu leur faire ? Je tremble à l'idée de ce que je vais découvrir.

Peu après mon arrivée, il s'est passé quelque chose d'étrange. J'ai croisé une femme que je connaissais ! C'était dans la salle de bains, une vaste pièce d'eau carrelée aux murs dépourvus de miroirs où sont alignés des lavabos en aluminium. Il n'y a que sept douches et seulement cinq w.-c. à la turque. Je frictionnais mon visage à l'eau glacée au-dessus de l'un des lavabos. Le matin, chaque instant compte. Nous n'avons que quinze minutes pour faire une toilette sommaire, passer aux cabinets, et enfiler notre combinaison bleue. Même si nous n'avons pas terminé, les gardes nous forcent à quitter les lieux. C'est le seul moment de la journée où nous sommes autorisées à aller aux toilettes. Je ne voulais pas rater mon tour. Sans notion de l'heure, je tentais de chronométrer les minutes qu'il me restait. Alors, ce matin-là, quand j'ai entendu mon nom, je n'ai pas tout de suite prêté attention au timbre de la voix. « Gulbahar ? » Je me suis retournée, dégoulinante, agacée d'être dérangée dans mon sprint quotidien. Avec ses cheveux blanchis et ses rondeurs, je ne l'ai pas reconnue tout de suite. Dilnur ! Je voulais tant la prendre dans mes bras. Mais nous n'avons pas le droit de nous toucher. On est restées à quelques centimètres l'une de l'autre, au milieu de la pièce carrelée.

Elle pleurait : « Comment es-tu arrivée ici ? Vous n'étiez pas partis en France ? Toi aussi, ils ont pris ton mari ? Le mien est dans un camp depuis des semaines, comme moi. » Dilnur était notre voisine à Karamay. Nos échanges se résumaient à des services rendus, nous avions des relations amicales. Elle aimait beaucoup les filles, que je lui confiais quand il m'arrivait d'être retenue à la Compagnie. J'avais conservé le souvenir d'une femme douce et bienveillante. Aujourd'hui, elle n'est plus que l'ombre d'elle-même. Ils l'ont brisée. Entre deux reniflements, elle m'a raconté leur histoire. Son mari, qu'ils sont venus arrêter un matin sans raison, sûrement pour ses habitudes à la mosquée ; ils l'ont jeté dans un camp non loin de Baijiantan, elle ne sait pas lequel. Puis elle, envoyée ici sans réel motif de condamnation ni période définie. Comment ont-ils pu la mettre, elle, dans un camp ? Je la connais, elle et son mari pratiquaient un islam modéré. Elle n'était pas voilée, elle ne tenait pas de propos séparatistes. C'était une dame sans histoires. Une Ouïghoure de Karamay comme il en existe des milliers. Vont-ils arrêter toute la population ouïghoure de la ville ?

Chapitre 8

20 juin 2017.

Ils ont pris Nadira ! Ils l'ont fait disparaître ! Un matin, elle a été appelée avec deux autres femmes. Nous étions encore en train de défiler, les jambes lourdes, dans la salle de classe. Il faisait une chaleur étouffante ce jour-là et, bien que nous ayons suggéré d'ouvrir le store en fer pour laisser l'air entrer, les policiers n'avaient rien voulu entendre. « Repos ! » Comme d'habitude, nous nous sommes immobilisées, et là… Rahmanjan, accompagné de deux autres policiers, a fait irruption dans la pièce. « Numéro huit ! » a-t-il lancé. Nadira est sortie du rang docilement. Les deux autres femmes, plus jeunes que moi, l'ont imitée à l'appel de leur matricule. Moi, je sentais mes jambes trembler. Cela n'augurait rien de bon. Je n'avais pas revu Rahmanjan depuis mon départ de la maison d'arrêt. S'il la convoquait de la sorte, c'était certainement parce qu'il s'était passé quelque chose de grave. Ça a duré une demi-seconde. Je me tordais le cou pour apercevoir ce qu'il se passait en tête de file. Les policiers ont menotté les trois femmes sans un mot. Puis, elles ont disparu. Depuis, on ne les a jamais revues. Avant de s'engouffrer derrière le groupe, Rahmanjan s'est tourné vers nous : « On les emmène parce qu'elles n'ont pas avoué leurs crimes. Avouez vos crimes, sinon, bientôt, ce sera votre tour. » La porte s'est refermée. Le défilé a repris.

Pendant l'heure de sieste, nous n'avons parlé que de ça. Où les ont-ils emmenées ? Mais surtout, pourquoi ? Celles qui les connaissaient bien disent qu'elles ont été envoyées en prison à cause de leurs relations avec une prêtresse musulmane de Karamay. J'en avais déjà entendu parler, du temps où nous vivions encore ici. Cette femme, dénommée Rizwan Bawudun, animait des ateliers et conférences sur l'islam. Elle y vulgarisait des passages du Coran devant de petites assemblées. Souvent, dans les milieux les plus fervents, les familles lui demandaient de prononcer des discours aux mariages ou aux funérailles. Elle pratiquait des rituels de purification. Nadira ne m'avait jamais dit qu'elle était proche d'elle.

Sa paillasse voisine de la mienne est restée vide deux jours, puis une nouvelle l'a remplacée. Je l'ai regardée avec défiance quand elle s'est installée. C'est alors que j'ai réalisé que Nadira ne reviendrait pas. À l'heure qu'il est, elle doit croupir dans une geôle sans lumière de Karamay. Je prie pour qu'ils ne la condamnent pas à mort.

Le soir, des cris terrifiants nous réveillent en sursaut. Comme si quelqu'un se faisait torturer à l'étage du dessus. Glacées, nous écoutons en silence les hurlements qui transpercent la nuit. Ce sont des plaintes de femmes qui délirent. Elles implorent qu'on ne leur fasse plus de mal. Souvent, aussi, elles demandent pardon pour leurs crimes.

Nadira a servi d'exemple. Depuis qu'elle a quitté notre cellule, les gardes s'en donnent à cœur joie avec nous. Ils sont plus hargneux que jamais. Aux exercices militaires s'ajoutent maintenant des nuées d'insultes. Elles pleuvent sur nous au moindre faux pas : « Sale terroriste », « Pourquoi tu ne manges pas du porc, hein ? », « Tu crois que je ne te vois pas prier, espèce de terroriste ? » À longueur de journée, ils nous répètent que nous sommes coupables du « crime le plus affreux », celui d'avoir « trahi notre grande patrie », ils nous traitent comme « les criminels » d'Urümqi en 2009 : « Avouez vos crimes, sinon vous finirez en prison, comme Nadira et les autres ! Écrivez votre autocritique, alors le Parti vous pardonnera peut-être ! »

Je pensais que les cours nous apporteraient un peu de répit, mais ce fut encore pire ! La professeure nous surveille du regard et ne perd pas une occasion de nous gifler. L'autre jour, une de mes camarades, une femme d'une soixantaine d'années, a fermé les yeux, certainement d'épuisement et de peur. Le cerbère lui a envoyé une violente claque. « Tu crois que je ne te vois pas prier ? Tu seras punie ! » Les gardes l'ont sortie brutalement de la pièce en la poussant. Une heure plus tard, elle est revenue avec un texte où elle avait rédigé ses propres aveux. La professeure lui a demandé de le lire devant nous. Elle s'est exécutée, blême, puis elle a regagné sa place. Elle n'avait fait que fermer les yeux ! De quoi sommes-nous coupables à la fin ? Autour de moi, je ne vois que des vieilles femmes tremblantes et des adolescentes au bord des larmes ! Nous ne sommes pas des terroristes !

En classe, à la cantine, dans la salle de bains, en cellule... Il n'existe pas un endroit à Baijiantan où nous ne sommes pas soumises à la violence ou au chantage des professeurs, des policiers ou des surveillants. Quand ils ne sont pas sur notre dos, les caméras continuent de nous observer. Nous sommes réduites à vivre comme des humains jetables. Des victimes éternelles qui ploient sous les menaces.

Loin de m'abattre, la disparition de Nadira m'a fait l'effet d'un électrochoc. Il faut croire que je me suis endurcie depuis l'époque où je pleurais, enchaînée aux barreaux du lit de la cellule 202. Ils n'auront pas mes larmes. Leurs tentatives pour me briser resteront vaines. Je m'en suis fait la promesse, la première nuit où je me suis endormie sans Nadira à mes côtés. Dans mon jardin secret, au milieu des souvenirs, j'ai bêché un petit carré de terre. J'y ai planté les graines de la résistance. Je survivrai à l'enfer de Baijiantan.

Moi qui n'étais pas une croyante fervente, je me suis tournée vers Dieu. Peut-être par provocation. Les yeux fermés, la nuit, je me mets à prier de toutes mes forces. En cellule, le matin comme le soir, je m'astreins à des exercices de yoga. Pas question qu'ils fassent de moi une loque informe ! Je me plante en plein milieu, juste en face de la caméra qui clignote. Inspiration, j'écarte les jambes, les mains sur les hanches. Expiration, j'abaisse mon buste vers le sol. Tandis que le sang monte doucement à ma tête, je prie. Dans cette position, impossible pour la caméra de repérer mes murmures à Dieu. Les mains jointes au creux de mes seins, le corps enroulé sur mes jambes, je le supplie de me venir en aide et de protéger ma famille. Quel plaisir de duper ainsi la vigilance des caméras !

Ces petits actes de résistance décuplent mes forces. Depuis le début des cours, j'en ai d'autant plus besoin. J'étais pleine d'illusions quand la formation militaire a pris fin, une semaine après la disparition de Nadira. Je m'applique à jouer le rôle de l'élève assidue et de la prisonnière modèle, ce qui ne me demande pas tellement d'efforts car j'ai toujours été bonne élève. La petite phrase de Rahmanjan resurgit : si je brille en cours, je sortirai plus vite de Baijiantan. Mes efforts seront récompensés.

Mais ce n'était pas l'école rêvée. Au bout de quelques jours, j'ai réellement compris le sens de l'expression « bourrage de crâne ».

En réalité, nous ne sommes pas du tout à l'école. Il n'y a pas de sonnerie. Pas de bonne ou mauvaise réponse à donner. Chaque matin, l'enseignante entre dans la classe silencieuse. C'est une Ouïghoure. Une femme de notre propre ethnie nous apprend à devenir Chinoises. Elle nous traite comme des citoyennes réfractaires que le Parti doit rééduquer. Je me demande ce qu'elle pense de tout ça. Pense-t-elle seulement quelque chose ? D'où vient-elle ? Comment en est-elle arrivée là ? A-t-elle été elle-même rééduquée avant de faire ce travail ? Les questions fusent dans ma tête.

À son signal, nous nous levons comme une seule femme. *Lao shi hao*, la salutation au professeur, ouvre les onze heures d'enseignement quotidien. Nous récitons une sorte de profession de foi envers la Chine : « Merci à notre grand pays. Merci à notre Parti. Merci à notre cher président Xi Jinping. » Une version similaire clôt aussi la leçon, le soir : « Je souhaite que mon grand pays se développe et connaisse un bel avenir. Je souhaite que toutes les ethnies forment une seule et grande nation. Je souhaite que le président Xi Jinping ait une bonne santé. Longue vie au président Xi Jinping. » Vissées sur nos chaises, nous répétons comme des perroquets. On nous enseigne l'histoire glorieuse de la Chine, lavée de toutes ses exactions. Sur la couverture du manuel il est inscrit « programme de rééducation ». Il n'y est question que de dynasties éminentes, de conquêtes glorieuses ou de succès du Parti communiste dans toutes ses entreprises. Tout y est encore plus partial et politisé que dans les universités chinoises. Au début, ça me faisait bien rire. Croient-ils vraiment qu'ils pourront nous briser avec quelques pages de propagande ?

Pourtant, les jours passent et, sans autre horizon que l'école, la lassitude réapparaît comme une vieille ennemie. Je suis épuisée et mes bonnes résolutions de résistance connaissent un sursis permanent. J'essaye de ne pas flancher en retournant à mon jardin chaque jour, mais le rouleau compresseur de l'école avance. Il passe sur nos corps endoloris. C'est donc ça le bourrage de crâne, des journées entières à répéter les mêmes phrases idiotes. Comme si ça ne suffisait pas, nous devons faire une heure d'étude supplémentaire le soir, après le dîner, avant d'aller nous coucher. Nous révisons alors une dernière fois les leçons rabâchées. Chaque semaine, le vendredi, nous passons un examen oral et écrit. À tour de rôle, nous récitons la soupe communiste que l'on nous sert sous l'œil soupçonneux d'une poignée de dirigeants du camp.

Les leçons se succèdent. À peine avalées, il nous faut les recracher. Résultat, je ne m'en souviens jamais d'une semaine sur l'autre. Je suis incapable de réciter ce que j'ai appris six jours auparavant. J'essaye d'en attraper des bribes mais les phrases s'entrechoquent dans ma tête, les idées se noient dans la brume. Elles glissent entre mes doigts comme un filet d'eau, et je les regarde disparaître, vaincue. Mobilisée ainsi, notre mémoire à court terme est à la fois notre meilleure alliée et notre pire ennemi. Elle nous permet d'assimiler et de recracher quantité de chapitres d'histoire et de déclarations citoyennes, nous épargnant ainsi des humiliations publiques distribuées par la professeure. Mais en même temps, elle effrite notre sens critique. Elle nous éloigne des souvenirs et des pensées qui nous maintiennent en vie. Les visages de Kerim, Gulhumar et Gulnigar se floutent. Nous ne sommes plus que des bêtes abruties par le labeur. L'intégralité de nos vies est consacrée à l'étude pour une période indéterminée. Personne ne nous dit combien de temps tout cela durera. Nous n'avons aucune perspective ni dans les jours ni même dans les mois qui viennent. Quand j'y pense, j'ai la nausée. Je préfère m'enfoncer dans le travail.

Chapitre 9

14 juillet 2017.

Je suis la cinquième d'une famille de huit enfants et, comme dans la plupart des fratries nombreuses où les membres nés sur plusieurs générations se succèdent avec plus ou moins d'écart et grandissent en tissant plus ou moins d'affinités, c'est avec mes deux jeunes sœurs que j'ai noué les liens les plus proches. Je vois mes frères aînés pour les grandes fêtes, l'Aïd et Norouz[1], mais Nedjma, Madina et moi avons formé un trio indestructible dès notre plus jeune âge car ma mère nous a élevées ensemble. Nedjma est juste en dessous de moi. Aujourd'hui, c'est une femme au foyer qui passe le plus clair de son temps à s'occuper de notre mère, veuve depuis plus de vingt ans, ainsi que de sa maison, de ses courses, de ses papiers. Elle vit sous son toit avec sa propre famille, dans la maison de Ghulja où nous avons grandi tous les huit. Sa douceur est sans égale.

1. *Norouz*, qui signifie « nouvel an » en persan, est la Fête du printemps. Célébrée entre le 20 et le 22 mars selon les années, elle constitue le premier jour du calendrier.

Ensuite, il y a Madina. Madina et ses éclats de rire sonores. Madina et ses mimiques burlesques, toujours prête à vous faire rigoler à table. Madina et sa générosité sans borne. Elle vit à Urümqi, la capitale, avec son mari et ses deux enfants. J'aime tout autant mes deux sœurs, mais c'est de Madina, la petite dernière, que je me sens la plus proche. Peut-être est-ce parce que nous avons toutes deux emprunté le même chemin à la sortie de nos études : nous sommes parties nous installer dans des villes attractives, loin de nos frères et sœurs, de la maison de notre mère, de Ghulja et de ses montagnes. J'ai découvert Karamay et son pétrole, elle Urümqi et son bouillonnement économique. Oui, sans doute une proximité supplémentaire est-elle apparue au fil des années car nous nous sommes mises à travailler à une époque où beaucoup de femmes, à l'instar de Nedjma, se cantonnaient encore à la maternité et aux choses de la maison.

Depuis mon arrivée, j'ai une idée fixe. Revoir ma mère et mes deux sœurs. Je presse les gardes avec anxiété. « Quand verrai-je ma famille ? Les avez-vous prévenus que je suis ici ? On m'avait dit que je pourrai les voir ! Je vous en prie, laissez-moi les voir. » « On verra, on verra. Pas tout de suite », se contentaient-ils de répondre. À nos questions, les gardes de Baijiantan donnent des réponses suffisamment floues pour nous faire espérer et sombrer en même temps : « On verra », « Il faut patienter », « Pas pour l'instant », ressassent-ils. Nos demandes restent en suspens tant qu'elles n'ont pas obtenu un « non » catégorique ou une gifle pour « insolence ». La règle est valable pour tout type de doléance : se rendre aux toilettes la nuit, obtenir une visite au parloir ou un téléphone pour appeler sa famille. Certaines nuits, j'entends les filles d'autres cellules implorer les gardes pour se rendre aux toilettes. Elles cognent, pleurent, crient. Parfois, un garde cède et j'entends la litanie des serrures qui se débloquent puis les pas sur le lino qui s'éloignent vers la salle de bains. Mais parfois ils refusent de répondre, et il n'y a plus qu'à uriner dans sa cellule.

Les semaines ont passé, la notion du temps a disparu. Jusqu'à aujourd'hui. Aujourd'hui, j'ai reçu la visite tant attendue. Enfin. Je n'y croyais plus. Mais rien ne s'est déroulé comme je l'imaginais. Quelque chose de terrible s'est passé et, plus je le rumine, plus la culpabilité d'en être la principale responsable me hante à présent.

Quand le portique de sécurité s'est ouvert sur elles, mon cœur a bondi dans ma poitrine. Après des mois passés seule, sans l'ombre d'un visage familier, voilà que je voyais s'avancer dans la salle des parloirs ma mère, la taille élancée, sa robe longue détonnant dans l'atmosphère souffreteuse de la pièce où quelques détenues chuchotaient avec des proches, les corps penchés au-dessus de petites tables, les mains parfois enlacées. Elle avait les traits durcis par la fatigue, ou peut-être par ce je-ne-sais-quoi qui annonçait, avant même qu'elle n'ait ouvert la bouche, qu'elle apportait une mauvaise nouvelle. Nedjma la suivait de près. Elle aussi semblait préoccupée. C'est quand les portes se sont refermées derrière elles sans que le visage joyeux de Madina ne soit apparu à son tour que j'ai compris qu'il était arrivé quelque chose de grave à ma plus jeune sœur.

Je sais que Madina et Nedjma remuent ciel et terre pour me faire libérer, tenter de corrompre les policiers avec de l'argent ou faire jouer leurs relations dans la capitale. Jamais Madina ne se serait soustraite à ce moment volontairement. Aussi ne les ai-je pas crues quand Nedjma et ma mère m'ont dit que personne ne pouvait veiller sur les enfants de Madina en son absence et que c'était pour cette raison qu'elle n'avait pas pu se libérer. On l'en avait empêchée, j'en étais certaine.

La conversation s'est engagée sur une succession de détails banals, ces petits riens qui animent la vie de tous les jours mais qui, ici, m'ont semblé d'autant plus superficiels que l'une des participantes habituelles manquait à l'appel. On s'est parlé comme si nous étions en train de siroter un thé, en contournant soigneusement le drame que je vis depuis sept mois. Aucune question sur la maison d'arrêt de Karamay ou sur les conditions de détention ici. Pas un mot à propos de Madina. Je n'ai mentionné ni les enseignements délétères de l'école, ni les nuits sans sommeil. Nous n'avons même pas commenté l'atmosphère glauque du parloir, rempli de femmes en tenues de bagnardes. Leurs babillements sonnaient à mon oreille comme un écho lointain. Ma mère et sa santé fragile, les cousins du Nord, les enfants de Nedjma, son mari. Je scrutais leurs mines épuisées, elles la mienne. Nous nous écoutions à peine car seule cette question planait en suspens au-dessus des lourds silences qui émaillaient notre discussion, dont nous voulions qu'elle paraisse la plus naturelle possible aux yeux des gardes : où est Madina ?

Nedjma a craqué la première. « Ils l'ont prise aussi », a-t-elle lâché dans un murmure à peine audible, étouffé par les résonnements des conversations qui nous entouraient. Qui ça « ils » ? La police ? Mais pour l'emmener où ? Dans une maison d'arrêt, comme moi ? Mon cœur battait si fort dans ma poitrine que je le sentais se décrocher à chaque pulsation. Je jetais des regards en coin au surveillant qui déambulait dans la pièce. C'est alors que j'ai compris. Madina était dans un camp. Un camp comme celui de Baijiantan. Un immense hangar sans fenêtres, sentant la peinture fraîche, la sueur et la mort, poussé de terre il y a quelques mois et où des petits soldats du régime déportaient des centaines de femmes. Madina était l'une d'elles. Les larmes s'accumulaient derrière mes paupières, elles brouillaient ma vue. La gorge serrée, je les ai ravalées en repensant à la grosse voix du surveillant qui m'avait prévenue juste avant leur arrivée : « Pas de pleurs, hein ! Si tu pleures, tu n'auras plus le droit à d'autres visites ! Ce sera terminé pour toi ! » Mon Dieu, ils ont pris Madina.

Autour de nous, le portail sécurisé continuait de s'ouvrir sur des visages étrangers. Des mères, des sœurs, des filles se faufilaient entre les tables. Je les regardais prendre place en face de détenues, comme ma mère et Nedjma quelques minutes plus tôt. Les brèves explications de ma sœur tournaient dans ma tête. On avait enfermé Madina pour une sombre histoire administrative. Un certificat de résidence non valide. Des papiers périmés. Je n'ai pas bien compris. En Chine, vous ne pouvez pas vivre là où vous voulez. Pour habiter un endroit où vous avez trouvé du travail, il vous faut au préalable obtenir le *hukou*[1]. Ce précieux passeport régional vous permet de vous établir dans la ville de votre choix et il semble que la police d'Urümqi ait reproché à Madina de ne pas posséder de *hukou* en

1. En Chine, chaque citoyen possède un *hukou*, ce passeport régional grâce auquel il est rattaché dès sa naissance à une province de résidence. Depuis 1951, ce système vise à endiguer l'immigration massive des campagnes vers les villes. S'il n'a pas obtenu la dérogation préalable, un citoyen ne peut ainsi pas s'établir dans une autre ville ou région que celle mentionnée sur son *hukou*.

règle alors qu'elle vit depuis des années à Urümqi. Que vont-ils faire d'elle ?

Les minutes passaient. Le temps de parloir n'est jamais long et je scrutais à nouveau chaque mouvement du surveillant, de peur qu'il ne vienne mettre un terme à la visite. Je brûlais d'envie de leur demander si elles avaient appelé à Boulogne. J'imaginais la voix de Kerim à l'autre bout du fil qui se serait soudain arrêtée en entendant les piaillements de Nedjma. Alors j'ai craqué à mon tour. Mes questions sont tombées comme une pluie de grêle, en cascade : « Comment vont-ils ? Comment va Kerim ? Et Gulhumar ? Et Gulnigar ? » Ma mère ne disait rien. Nedjma m'a pris les mains. « Tout le monde va bien, ne t'inquiète pas. Vraiment, il ne faut pas que tu t'inquiètes », a-t-elle insisté. Les banalités ont repris. « La nourriture est-elle bonne ici ? Tu as rencontré d'autres femmes ? » Plus ses mains serraient les miennes, moins j'avais envie de lui raconter les cris des femmes la nuit et les gifles qui tombent sur nous sans prévenir. Madina devait entendre les mêmes cris, recevoir les mêmes gifles. Mon cœur battait à tout rompre. J'ai jeté un coup d'œil au garde posté à un mètre de la table, soudain pressée d'en finir. « Je me nourris bien, on est bien traitées ici. Ne t'inquiète pas. Dis-leur que je vais bien. Tu leur diras ? »

La visite de ma mère et de Nedjma m'a confirmé une chose : dans une famille ouïghoure, si l'un d'entre vous est déporté, c'est tous les autres que vous entraînez dans votre chute. Madina n'a pas été envoyée dans un camp pour des problèmes administratifs. Non. Si Madina avait véritablement connu des soucis de *hukou*, elle ne serait pas dans un camp, mais chez elle, avec son mari et ses enfants. On avait enfermé Madina à cause de moi. C'était de ma faute et jamais plus je ne pourrai vivre sans cette culpabilité. Moi, sa « terroriste » de sœur qui avais vécu à l'étranger, mariée à un réfugié politique, j'avais attiré sans le vouloir sur elle les foudres des autorités. Peut-être subit-elle la torture pour lui faire avouer des « crimes » que je n'avoue pas. Car je n'ai rien fait. Elle n'a rien fait. Nous sommes innocentes.

Personne n'est libre de dire ce qu'il pense au Xinjiang. Nedjma et ma mère ne moisissent pas dans un camp, pourtant elles aussi purgent une peine. Leurs langues sont liées comme la mienne. De l'autre côté de la forêt de barbelés qui entoure Baijiantan, le travail de rééducation des Ouïghours avance. Qu'ils nous enferment ou non, la Chine nous réserve un seul et même sort, celui de la rééducation par la peur, le chantage et la censure. Ils nous broient tous sans distinction dans cette prison à ciel ouvert qu'est devenu le Xinjiang.

J'imagine l'angoisse qu'elles portent au quotidien, ma pauvre Nedjma, ma pauvre maman. Les visites de police impromptues, les invitations au commissariat pour « prendre le thé », les interrogatoires sans relâche… Je sais qu'elles ne m'ont pas dit toute la vérité, mais comment leur en vouloir ? Bien avant que les camps ne soient apparus, on se mentait déjà par omission pour mieux se protéger. On ne se disait pas tout.

Au moment de se dire au revoir, alors que nous nous donnions une brève embrassade, je n'ai pas pu résister. L'occasion ne se présenterait peut-être plus de sitôt et il fallait que je sache. « Est-ce que Kerim est au Xinjiang ? », ai-je soufflé à l'oreille de Nedjma. « Non, non, il n'est pas ici », a-t-elle murmuré. « Tu me le jures ? Dis-lui de ne pas venir, c'est trop dangereux. Je sais qu'il doit vouloir venir pour me faire libérer, mais s'il vient lui aussi sera emprisonné ! Dis-lui de ne pas le faire, s'il te plaît. Nos filles, c'est le plus important. » « Je te le promets. » « Et pour Madina ? » ai-je ajouté, voyant le garde s'approcher. « Ne t'en fais pas. On fait tout pour la sortir de là. D'ici quinze jours, je pense », m'a-t-elle répondu.

On s'est souri, puis j'ai regardé les portes automatiques se refermer sur leurs silhouettes qui s'éloignaient. Elles ont regagné leur prison, et moi la mienne.

Chapitre 10

3 septembre 2017.

À la façon des écoles chinoises – les vraies, celles où les enfants apprennent le mandarin, la littérature, les mathématiques, l'histoire ou la géographie –, Baijiantan, fausse école mais véritable camp, a commencé à se parer du rouge et de l'or du communisme : lampions, banderoles et autres décorations de papier que professeurs et enfants hans accrochent partout avant de célébrer une grande fête nationale. Au mois d'août, la Chine fête l'Armée populaire de libération[1] et, bien que coupées du monde depuis des mois, nous, les détenues, n'échappons à aucune occasion de rendre hommage au Parti communiste. Dans sa grande clémence, le Parti nous offre une chance de racheter nos péchés par la rééducation. Nous lui devons bien ça.

Les chants patriotiques, l'hymne national en particulier, imprègnent mon esprit si profondément que je ne

1. La fête de l'Armée populaire est célébrée chaque 1er août en Chine. Au camp, les festivités se déroulent quelques semaines plus tard, le 26 août 2017.

peux plus les oublier. Même la nuit, allongée sur ma paillasse, mon corps, contracté par les tensions de la journée, plonge dans un sommeil agité, peuplé de surveillants, d'hommes en uniforme, de détenues et de drapeaux chinois. Quelque part dans la cellule, j'entends parfois l'une de mes congénères fredonner un refrain rabâché dans la journée.

Baijiantan emprunte aussi aux vraies écoles chinoises l'esprit de compétition. Chaque cellule doit chanter devant les directeurs du camp qui l'évaluent. L'équipe de détenues désignée vainqueur remporte un lot. Sûrement de la nourriture. Ou peut-être de nouveaux vêtements. Sans nous en rendre compte, l'esprit de compétition qui régnait dans les jours précédant la fête s'infiltrait dans nos esprits, tant et si bien que nous en venions à répéter les chants patriotiques le soir, même après les leçons, dans nos cellules. Peu à peu, cette stratégie de rééducation ludique avait raison de ma vigilance. Quand j'en avais encore la force, je me répétais que tout cela n'était qu'un tissu de mensonges auquel je faisais semblant d'adhérer tout en conservant mon esprit critique. Bêtement, moi aussi, je me prenais au jeu. Une fois les verrous refermés derrière nous, les exercices de la journée reprenaient sous l'impulsion de l'une d'entre nous. « On répète ? » lançait l'une d'elles. Un brin d'excitation parcourait le groupe. Alors on répétait. En rang impeccable au bord de nos couchettes, face à un public de directeurs invisibles, chacune plaçait ses bras le long du corps et, comme les autres dans les cellules voisines, nous entonnions d'une seule et même voix l'hymne national. La rééducation faisait son travail.

Je me suis prêtée avec complaisance à ce jeu idiot car, tandis que le jour J approchait, je cultivais dans mon for intérieur un bonheur immense, plus grand que tout. Il me donnait soudain l'impression d'habiter un corps indestructible. Les policiers du camp auraient beau me faire gueuler tous les chants patriotiques du pays, dormir sous la lumière des années entières ou me gaver la tête des grandes victoires politiques de Xi Jinping, jamais plus ils ne pourraient m'atteindre.

Le 13 août, la police d'Urümqi avait libéré Madina de son calvaire. Aussitôt libre, ma petite sœur chérie s'était empressée de venir me trouver à Baijiantan et cet éclair de vie, bref mais d'une formidable intensité, m'avait redonné suffisamment de joie pour affronter tous les malheurs du monde.

Le grand jour[1], elle est arrivée chargée de présents. Des caisses de pêches plates à la peau duveteuse et blanche plein les bras, des bonbons et des fromages de brebis dans son sac. Elle qui venait de passer trente-neuf jours dans un camp savait que jamais on ne donne aux détenues ces denrées rares. Surtout, les policiers, eux aussi las de la nourriture infâme qu'on nous sert ici, lorgneraient ses cadeaux, se disait-elle. Peut-être qu'ils lui permettraient à elle de gagner quelques minutes de visite ou mieux, qu'ils susciteraient leur douceur à mon égard. Madina avait vu juste. Tous ces biens auxquels j'ai à peine touché nous ont été confisqués par le cerbère corrompu qui surveille le parloir.

Nous n'avons pas parlé de son séjour en camp. Ni du mien. Nos retrouvailles, très émouvantes, furent, comme toutes les précédentes, cousues de ses blagues, mimiques et anecdotes légères, si légères qu'un instant j'ai cru que nous étions dehors, à Karamay, à Urümqi ou à Ghulja.

1. Madina vient visiter Gulbahar le 24 août 2017.

Mes rires lui répondaient. Enlacées, nous avons pleuré aussi. Mes premières larmes depuis des mois. Des larmes de joie.

Quand Madina a quitté les lieux, j'ai regagné ma cellule le cœur léger. Terrible culpabilité quand l'une des personnes que vous aimez le plus au monde souffre à cause de vous. C'en était désormais fini. Elle était libre, c'est tout ce qui importait à mes yeux.

Fin août, les festivités sont arrivées. Le rouge des banderoles communistes maculait la pièce où, comme les bons petits soldats qu'on nous avait appris à imiter, nous avons défilé, puis chanté à pleins poumons. Avec mes codétenues, nous n'avons pas gagné la compétition, mais toutes nous nous tordions le cou lorsque les professeurs ont apporté les cadeaux réservés aux gagnantes qui poussaient des petits cris de satisfaction. C'étaient des caisses de pêches plates. Les pêches plates de Madina.

Chapitre 11

20 novembre 2017.

Un an que je suis prisonnière du Xinjiang. Et, depuis presque six mois, je suis clouée à Baijiantan. Ma mère et mes sœurs sont revenues le 3 octobre. Depuis, je n'ai pas vu l'ombre d'un visage familier. J'espère qu'il ne leur est rien arrivé. La prison devient ma seule réalité. Plus d'autre horizon que la ligne de barbelés qui nous sépare du reste du monde. Tout ce qui existait auparavant – ma famille, mes préoccupations de mère et d'épouse, la France – flotte dans mon esprit comme l'histoire d'une autre femme. Une femme que je ne suis plus.

Ma santé se détériore malgré mon assiduité pour entretenir ce corps mou et endolori par le manque d'exercice. J'effectue des étirements lors des brefs répits en cellule, tôt le matin et tard le soir. Nous ne sommes pas sous-alimentées, bien au contraire. Pourtant, je perds du poids à vue d'œil. Je crois qu'ils introduisent un médicament dans la nourriture. Sa consistance, son goût, ont ce je-ne-sais-quoi de plus. Comme si quelqu'un saupoudrait nos plats de graines invisibles. Nous droguent-ils pendant les repas ?

Peut-être n'est-ce que le temps passé ici qui m'use, mais je réalise que je perds la mémoire. Mes pensées s'amalgament dans ma tête comme une boule de nœuds.

Le jour, notre cordon de prisonnières se traîne sur le lino, comme une seule et même somnambule en pyjama bleu. Parfois, l'une d'entre nous s'évanouit. Un garde vient la chercher. Il la ramène quelques heures plus tard sans que nous y prêtions attention. Beaucoup de choses autrefois choquantes deviennent la norme. Les gifles, les insultes, les codétenues victimes d'une crise cardiaque ou qui disparaissent, c'est le quotidien ici. Le rythme exténuant de la détention – avec sa succession de cours et de repas tout aussi indigestes – m'épuise à tel point que je n'arrive même plus à me raisonner. Les professeurs nous ont distribué à chacune un journal intime. Dans les rares moments de « temps libre » dont nous disposons, nous devons y consigner nos pensées. Nos rêves, nos souvenirs, nos « péchés ». Tous les trois jours, les gardes relèvent les carnets. Les professeurs en lisent le contenu, s'immisçant ainsi jusque dans l'intimité trouble de nos cœurs. Croient-ils vraiment que je livre la moindre vérité dans ces lignes ? L'écriture ne me procure aucun soulagement puisque toutes ces pages rédigées sous la lumière blafarde ne sont que des mensonges. Un écran de fumée pour duper la rééducation destructrice des professeurs. Intérieurement, je ris de ces phrases idiotes. Mais au fond, je sais que l'autocritique assidue à laquelle je suis réduite me transporte chaque jour un peu plus loin de la Gulbahar que j'étais autrefois.

Quand Baijiantan sommeille, je reste éveillée, car c'est

le seul moment où je peux réfléchir. La nuit, les yeux écarquillés dans le noir, je prie de toutes mes forces. Je suis innocente. Je suis innocente. Je suis innocente.

La vie a changé à Baijiantan. Tout a commencé le 18 octobre, lors du XIXe Congrès du Parti communiste[1]. Trois jours durant, une onde d'excitation a parcouru les rangs, autant chez les surveillants et professeurs que chez nous. Xi Jinping s'apprêtait à prononcer son grand discours devant le parterre des dirigeants du pays en vue de sa réélection pour un second mandat de cinq ans. Nous, nous allions le regarder depuis notre salle de classe à la télévision. Comme dans les foyers ouïghours à la veille de l'Aïd, le camp faisait peau neuve. Tout devait être impeccable.

Les surveillants ont toujours fait preuve d'un hygiénisme paranoïaque. C'est l'une des premières choses que j'ai apprise ici : chaque détenue, chaque pièce, doit être d'une propreté irréprochable. En dehors des leçons, nous sommes courbées par terre, à éponger les sols, armées de savon et de chiffons. La moindre saleté oubliée vaut des remontrances ou une punition. Baijiantan doit être à l'image de nos âmes dociles : plus il reluit d'une propreté inquiétante, mieux notre rééducation progresse.

Mais cette fois, il fallait mettre les bouchées doubles. Pour le président de la Chine, rien n'était trop beau. De grandes banderoles rouge et or à l'effigie du Parti serpentaient sur les murs. Les professeurs installaient des écrans de télévision dans chaque salle de classe. Plus nous approchions du 18, plus notre quotidien monotone se parait

1. Le XIXe Congrès du Parti communiste chinois s'est tenu à Pékin du 18 au 24 octobre 2017.

d'un intérêt nouveau: certaines prophétisaient que Xi saluerait l'efficacité du programme de lutte contre le terrorisme, dont les camps de rééducation sont la colonne vertébrale. Peut-être en assouplirait-il le règlement intérieur. Peut-être que nos conditions de vie s'amélioreraient. Peut-être même que les plus exemplaires d'entre nous bénéficieraient d'une libération anticipée? Nos espoirs nous donnaient de l'entrain alors que le camp revêtait les couleurs du communisme. Un air de fête flottait presque dans les couloirs nauséabonds et dépourvus de fenêtres. Toute cette mise en scène participait, bien sûr, à notre propre rééducation. De ce moment de « joie partagée », nous devions retenir la grandeur de notre père à tous. C'était risible. Mais à défaut d'être libérée – j'avais enterré cette chimère dans un coin de mon esprit – l'idée de voir nos conditions de vie se raffiner un peu m'évitait de sombrer totalement.

Et puis, le jour J est arrivé. Le 18 au matin, nous étions toutes attablées derrière nos pupitres. Pour l'occasion, nous avions même lavé nos uniformes bleus. Le parfum du savon se mêlait à celui de la transpiration dans la pièce, où seule la lumière de l'écran plat brillait. Les bandeaux publicitaires passaient en boucle. La tension montait. Enfin, le direct depuis Pékin a démarré. Sous les lourds rideaux carmin du palais de l'Assemblée du Peuple, le président de la République populaire de Chine s'est présenté à la tribune dans le crépitement d'applaudissements de ses milliers de fidèles.

Je l'avais déjà vu auparavant en photo, en peinture et à la télévision. Mais je ne l'avais jamais vraiment regardé ni écouté. La politique, je l'ai déjà dit, ce n'était pas mon truc. Alors, c'était lui, Xi Jinping. Coincée ainsi dans le cadre de la télévision, sa version miniature m'a semblé plutôt inoffensive. Son visage rond et sa veste noire boutonnée sur son torse charnu lui donnaient un air bonhomme. Je me souviens d'un discours très long et véhément. Je me souviens aussi que les chants patriotiques résonnaient dans le camp. Dès que nous n'étions plus vissées sur nos chaises en face de l'écran, notre professeur battait la mesure et nous chantions à pleins poumons la gloire de Xi et de sa grande nation :

Sans le Parti communiste il n'y aurait pas de Chine nouvelle,
Le Parti communiste travaille dur pour la nation,
Le Parti communiste de tout cœur sauve la Chine[1].

Surtout, je me souviens que c'est après sa réélection que la vie à Baijiantan a changé. Mais pas comme nous l'espérions malheureusement.

Ils ont commencé par interdire le temps libre. Ici, les week-ends n'existent pas. Nous travaillons toute la semaine, du lever au coucher du soleil. Chaque jour ressemble au précédent, c'est ainsi depuis des mois. Pourtant, les samedis et dimanches se distinguaient car, bien qu'ils connaissent leur lot de cours et de tâches ménagères, les gardes nous autorisaient à quitter nos cellules quelques heures en fin de journée. Cette grâce n'était pas systématique. Elle dépendait de leur humeur. Lors de ces rares trêves, nous recevions les visites de voisines, nous nous rendions chez une « amie » codétenue. C'était une vie de prisonnière, mais une vie quand même !

1. Extrait du chant révolutionnaire chinois *Sans le Parti communiste, il n'y aurait pas de Chine nouvelle* (1943).

J'en apprenais beaucoup sur les camps, lors de ces temps morts sous la surveillance laxiste des gardes. Les conversations bourdonnaient partout au-dessus des poignées de dés ou de jeux de cartes cornés. Tandis que les chants chinois résonnaient dans le couloir, les dernières informations de Baijiantan grappillées durant la semaine écoulée passaient entre nous comme un téléphone arabe. Depuis quelque temps, un sujet occupait toutes les conversations : la vaccination. Toutes, nous avons été vaccinées de force.

Un matin, les surveillants nous ont conduites à tour de rôle dans une pièce faisant office d'infirmerie où nous attendait une petite équipe de Hans vêtus de blouses. J'ai eu beau crier, refuser en bloc des heures durant, on ne m'a pas laissé le choix. « Il faut qu'on te vaccine, Gulbahar, tu as cinquante ans, ton immunité est réduite, et tu risques d'attraper la grippe si tu ne le fais pas. Moi aussi, tu sais, je vais le faire en même temps que toi », m'a répondu l'une des directrices du camp, en désignant l'attirail de seringues disposé à côté d'une table d'examen médical. Par peur des représailles, j'ai signé un document donnant mon accord puis j'ai laissé sa collègue me piquer la veine du bras. Quelle idiote. Aujourd'hui, je sais que la femme m'a menti. Elle a dit la même chose aux autres détenues. Mais ce n'est pas le pire ! Lors des temps libres, beaucoup m'ont confié, honteuses, ne plus avoir leurs règles. D'après elles, la suspension du flux menstruel est arrivée juste après la vaccination. Les plus jeunes, pour la plupart fiancées, en pleurent. Elles espéraient pouvoir fonder une famille à leur sortie du camp. Moi qui n'ai déjà plus mes règles, je tentais de les rassurer, bien qu'au fond de moi une pensée terrible commençait déjà de germer : sont-ils en train de nous stériliser ?

Depuis le Congrès, nous n'avons même plus le droit de nous adresser un regard ou un sourire. « Baisse les yeux, tu ne sais pas qu'il est interdit de se regarder ? » crient les surveillants. Si un cordon de prisonnières passe près du mien, je plonge mes yeux vers le sol et me perds dans la contemplation de mes affreux chaussons noirs. Même chose au réfectoire ou pendant les parenthèses d'hygiène. Pourquoi confisquer ces dernières libertés ? De nouvelles prisonnières arrivent chaque jour dans le camp. Elles remplissent les cellules à côté de la mienne. Je vois leurs mines apeurées. Je voudrais les réconforter, leur crier : « Attention, ne vous faites pas vacciner ! » Mais à quoi bon ? Elles le seront quoi qu'il arrive, et moi je ne récolterai qu'une punition. Alors je reste muette. Nous sommes de plus en plus nombreuses à Baijiantan, pourtant je ne me suis jamais sentie aussi seule.

Quelque chose de bizarre se trame dehors, je le sens. Le chaos du Xinjiang ricoche sur les murs du camp et son écho lointain parvient à nos oreilles. Les surveillants, plus nerveux, ont évoqué des inspections officielles. Des gens d'Urümqi, des cadres locaux du Parti, viendront au camp d'ici peu, « pour contrôler l'hygiène et le contenu de la formation », nous a-t-on dit, « les meilleures élèves devront répondre à leurs questions ». J'en fais partie. Quelle blague ! C'est un tissu de mensonges, ces réponses qu'on nous ordonne d'apprendre par cœur. Si l'un d'eux m'interroge, je devrais lui dire ceci : « Le centre de formation me rend très heureuse, car j'y apprends un métier et je suis bien nourrie. On m'y verse un petit salaire. On m'a fourni de quoi m'habiller et vivre au quotidien. » Tout cela est faux ! Nous avons à peine reçu de quoi nous vêtir et nous laver ! La seule chose qu'on nous rabâche ici est que les

Ouïghours sont des terroristes qui doivent se dénoncer ! Pourquoi nous ordonnent-ils de mentir ainsi ? Ont-ils quelque chose à se reprocher ?

Entre-temps, quelques semaines avant le fameux Congrès, chacune d'entre nous s'est vu assigner une « tutrice » référente. Comme si nous n'étions pas déjà brisées par les livres épais que nous apprenons par cœur, des entretiens hebdomadaires avec ces femmes se sont ajoutés au rythme d'enfer du camp. La mienne se nomme Mihray. Je la rencontre dans un parloir, où elle m'attend chaque fois assise, mon « dossier » sous les yeux. C'est une jeune femme ouïghoure avec une masse de cheveux bruns ramassés sur la nuque en un chignon strict. Sa voix douce invite à la confidence, alors je lui ai tout raconté : mon arrestation, ma famille en France, mon innocence. Elle m'assaille de questions, et je lui rends la pareille. « Quand serai-je libérée ? Puis-je voir ma famille ? Puis-je les appeler s'il vous plaît ? » Elle tempère mes demandes avec douceur. « Il faut que tu sois patiente, Gulbahar. » Pourtant, depuis le Congrès, Mihray se méfie, soupèse mes mots et les interprète comme d'éventuelles marques d'insolence. Quelle ironie du sort ! Mihray est la seule à qui je peux parler. Plus on nous muselle, plus nos entretiens prennent les contours d'interrogatoires policiers. Quand je lui demande quand est-ce que je pourrai sortir d'ici, son visage se tord désormais dans une moue contrariée : « Gulbahar, il faut que tu te repentes. Tu dois avouer. Pourquoi demandes-tu ainsi quand tu sortiras ? Comment puis-je te faire confiance ? Qu'est-ce qui me dit qu'une fois dehors tu ne recommenceras pas ? »

Un jour, comme pour me récompenser, elle a fini par me dire : « Il faut que tu attendes ton procès. » Mon procès ? Après des mois passés sans l'ombre d'un avocat ni d'une condamnation, j'apprends que je vais être jugée ! À ce moment-là, j'ai arrêté d'espérer. Après le procès, je serai condamnée et tout sera fini. Ma seule échappatoire est la prière. Il n'y a plus que Dieu qui puisse m'entendre. Je n'ai aucune idée des événements extérieurs mais, pourtant, mon pressentiment est le bon, il se passe quelque chose. Chaque jour amène avec lui de nouveaux minibus pleins de femmes. Baijiantan est une usine où grouillent désormais bien plus de deux cents condamnées. À l'extérieur, les Ouïghours sont arrêtés à tour de bras. Les policiers jouent une course contre la montre, comme si quelqu'un tentait de contrarier leur grand projet de rééducation. Ils essayent de nous faire disparaître au plus vite. Si nous ne mourons pas d'épuisement ici, ces « procès » qu'on nous promet auront raison de nous. Vont-ils me condamner à mort ? Je ne donne pas cher de la peau d'une Ouïghoure qui a fui à l'étranger.

Chapitre 12

Fin 2017 - Début 2018.

Rien, plus rien ne se passe. Le néant. Au creux de l'hiver, en cette fin 2017, je sombre à Baijiantan. L'année qui suit, je dépéris entre les murs gelés de ma cellule qui se remplit de prisonnières hagardes aux noms remplacés par des numéros, et dont je n'ai même plus le courage de faire la connaissance. Dans les méandres du camp, coupée du reste du monde, ma persévérance s'effrite. La routine épuisante se répète à l'infini, ne formant plus qu'une seule et même journée éreintante. Chaque jour, nous nous soumettons aux sifflets, aux insultes et aux hurlements des surveillants. Dans les couloirs nauséabonds, nos ombres fantomatiques se traînent jusqu'à la salle d'eau, puis glissent vers les salles de classe où nous avalons la propagande des professeurs jusqu'à la tombée du jour. La nuit, parfois, des cris de femmes en réveillent encore certaines en sursaut. Quand ces voix lointaines transpercent l'obscurité, leurs silhouettes glacées se dressent comme des « I » sur les matelas, puis retombent mollement dans le noir. J'ouvre un œil mais ne cherche plus à comprendre d'où viennent ces plaintes, ni de quels sévices ces détenues sont les victimes. Je me rendors.

Une vieille idée revient encore me tourmenter : moi, Gulbahar Haitiwaji, je suis innocente. Autrefois, j'étais une mère aimante. Une épouse passionnée. Une femme debout, une femme volontaire, une femme vivante. Avec ma famille, nous avions quitté le Xinjiang, et la France nous avait offert la liberté. J'aimais la France, le « pays des droits de l'homme », comme Kerim ne manquait jamais de le répéter avec la fierté reconnaissante de celui qui a été accueilli. C'était il n'y a pas si longtemps. Un an ou plus, je ne sais plus exactement car les jours n'existent plus. Les visages de Kerim, Gulhumar et Gulnigar flottent dans mon esprit ébréché. Les souvenirs glissent entre mes doigts comme un filet d'eau. Je les regarde s'échapper, impuissante.

Assimiler les leçons et les recracher mobilisent mon temps et mon énergie, à tel point qu'il ne m'en reste plus pour penser. « Vous êtes des criminelles. Avouez vos crimes et vous serez pardonnées par le Parti. Alors, on vous libérera », nous répète-t-on à longueur de journée. La ritournelle incessante des surveillants et des professeurs fait ployer nos corps, tant et si bien que la mécanique implacable du lavage de cerveau finit par pénétrer nos esprits les plus imperméables et téméraires. « Chen Quanguo[1] nous a vraiment sous-estimées. Il ne nous changera pas comme ça », chuchote un soir l'une de mes codétenues. Dans l'obscurité, ce doigt d'honneur au

1. Le secrétaire du Parti communiste chinois au Xinjiang, connu pour ses méthodes répressives lorsqu'il officiait au même poste au Tibet, de 2011 à 2016.

gouverneur du Xinjiang me fait sourire. Je voudrais croire que le Parti n'a pas gagné, mais ne sommes-nous pas déjà rééduquées ?

« Des criminelles. » À quoi bon s'échiner à crier le contraire ? Alors, pendant un an, j'ai réussi à me taire. À feindre le repentir lors des échanges avec ma tutrice. Depuis quelque temps, Mihray ne s'encombre plus d'enrober nos échanges de son réconfort doucereux. La jeune femme, elle aussi victime d'un puissant lavage de cerveau, a fait tomber le masque, laissant entrevoir l'objectif caché de son travail : me faire passer aux aveux. Lors des entretiens, elle me répète dix, cinquante, parfois cent fois la même chose : je n'entreverrai la fin de ce cauchemar éveillé que lorsque j'aurai confessé mes crimes. Il faudra tout dire au procès. Demander pardon au Parti. Oui, le procès viendra, m'assure-t-elle. Non, Mihray ne sait pas quand il aura lieu. Sur quels éléments serai-je jugée, moi qui, quand je vivais au Xinjiang, n'ai rien fait d'autre qu'être une mère, une épouse et une travailleuse honnête ? Aurai-je le droit à un avocat, alors qu'on me l'a refusé pendant toute la durée de ma garde à vue ? Mihray affirme ne rien connaître des paramètres du jugement. Pendant un an, l'idée de mon procès me hante. Il devient mon obsession. Ma planche de salut et mon tombeau. Je m'y accroche avec une résignation tenace, persuadée, quelle que soit la sentence, qu'il est ma seule chance de quitter l'enfer de Baijiantan.

Dehors, au Xinjiang, la répression s'accélère. Des camionnettes déversent des dizaines de femmes à Baijiantan. L'agressivité des surveillants et des professeurs, les pressions de Mihray et la tension qui monte au sein du camp indiquent que la Chine est en train de s'engager dans une course contre la montre.

Ici, même ceux qui ne sont pas envoyés dans des camps subissent la brutalité d'une police qui a tous les droits. Les réglementations tombent en cascade dans les grandes villes du Nord et du Sud. Interdiction de porter la barbe et le foulard, de donner un prénom ouïghour à son enfant, d'utiliser WhatsApp, de communiquer avec des individus à l'étranger, de prendre part à des cérémonies religieuses traditionnelles... Au fur et à mesure que la liste s'allonge, transparaît une politique arbitraire qui vise à éradiquer l'islam et la culture ouïghoure.

Prétextant un vaste programme de santé publique, les autorités de la province ont commencé à collecter l'ADN, les empreintes digitales, les images de l'iris et le groupe sanguin de millions d'habitants[1]. L'entreprise n'est pas neuve puisque la police consigne déjà les données biométriques de ceux qu'elle considère comme « suspects » dans le cadre de la lutte contre le terrorisme, à commencer par les citoyens qui formulent une demande de passeport.

Désormais, le Xinjiang ne se compte plus en citoyens, mais en suspects. Le stockage massif des ADN, soigneusement rangés dans le dédale numérique où la police accumule ses fichiers, confirme une hypothèse terrible : tous les citoyens de la province, dès lors qu'ils sont ouïghours, représentent une potentielle menace terroriste. Aucune clémence à leur égard ne sera tolérée. « Soyez sans pitié », disait déjà Xi Jinping aux fonctionnaires locaux du Parti

1. Human Rights Watch Report, *Collecte de l'ADN de millions d'habitants du Xinjiang*, 13 décembre 2017.

en 2014, lors d'une visite au Xinjiang dont les conversations ont été révélées par le *New York Times*[1].

La répression s'infiltre même dans les foyers plus reculés, avec la campagne « Devenir une famille »[2]. Pendant une semaine, des fonctionnaires du Parti s'invitent chez des familles ouïghoures, partagent leurs repas et dorment sous leur toit. Sommés de raconter leurs vies personnelles et d'expliquer leurs convictions politiques, les Ouïghours doivent aussi se soumettre à un concentré de leçons à peine déguisées sur la doctrine de Xi Jinping. Qu'advient-il ensuite d'eux ? Sont-ils dispensés d'un séjour en camp ou récompensés lorsqu'ils se sont docilement pliés à l'exercice sournois des fonctionnaires ? Nous n'en savons rien. Ces familles qui se cachent derrière des noms d'emprunt sont muselées par la peur. Elles disparaissent dans le triangle des Bermudes du Xinjiang aussi vite que leurs témoignages sont diffusés par le Human Rights Watch et Amnesty International.

Ainsi, Pékin étouffe à petit feu les Ouïghours, tantôt dans des camps tantôt dans le silence. Mais pourquoi Xi Jinping décide-t-il soudain d'élargir son programme de rééducation au-delà des « écoles » ? Comment expliquer cette hâte d'éradiquer les Ouïghours ?

Début 2018, le monde découvre, abasourdi, les « écoles » du Xinjiang. Les organismes de défense des

1. « Absolutely no mercy » : leaked files expose how China organize mass detentions of Muslims, *New York Times*, 16 novembre 2019.

2. Human Rights Watch Report, *Chine : visites imposées de fonctionnaires dans des foyers du Xinjiang*, 13 mai 2018.

droits de l'homme ne sont plus les seuls à tirer la sonnette d'alarme. Le vernis de la Chine, jusqu'ici protégée par sa grande muraille numérique, craque à mesure que pointent les témoignages épars de rescapés dans la presse et les images de lanceurs d'alerte dispersés sur le globe, du Canada à la Chine en passant par les États-Unis. Les membres de la diaspora manifestent dans les capitales européennes. Au milieu des drapeaux bleu ciel du Turkestan oriental, ils portent à bout de bras les photos en impression agrandie des visages de proches disparus depuis des mois ou des années. Sous la houlette du Congrès mondial des Ouïghours[1], ils implorent les gouvernements de réagir. Sur les réseaux sociaux chinois, des citoyens témoins des atrocités commises au Xinjiang prennent le risque de poster images et vidéos. La Chine de Xi Jinping réserve, entre autres, un sort bien particulier aux très jeunes femmes ouïghoures. Plusieurs vidéos font état de cérémonies de mariages collectifs où des Ouïghoures enguirlandées dans des robes traditionnelles posent, l'œil vide, la paupière chargée de rimmel, au bras de Hans fringants et tout sourire[2]. Ces femmes sont probablement mariées de force mais, pour l'instant, impossible d'apporter des preuves tangibles. Prisonnières d'un Xinjiang barricadé, leurs voix sont inaudibles. Ces mariages sont-ils une alternative aux camps ? Ces sacrifiées sont-elles une

1. Fondé en 2004, le Congrès mondial des Ouïghours est l'organisation principale représentant les Ouïghours à l'étranger. Placée par le gouvernement chinois sur sa liste des entreprises terroristes, elle entend défendre la démocratie, les droits humains et la liberté au nom du peuple ouïghour à travers des actions non violentes.

2. « Pékin, accusé de forcer les mariages entre Ouïghoures et Hans », Mediapart, 31 mai 2018.

monnaie d'échange pour racheter les « crimes » de proches ? Ont-elles été achetées par des Hans comme d'autres le font avec les femmes vietnamiennes dans le sud du pays ? Les Ouïghours de l'étranger s'emparent et relayent ces vidéos, laissant entrevoir une multitude d'histoires terribles qui annoncent ce que personne ne veut voir mais qu'il faut bien regarder en face car tout y ressemble : un génocide.

Les démocraties occidentales qui rechignaient à s'exprimer sur le sujet depuis deux ans n'ont plus le choix : les soupçons pesant sur la Chine sont trop nombreux pour être ignorés. Les accusations, trop graves. Rapidement, Washington prend place en première ligne. Depuis des années, les États-Unis accueillent de nombreux opposants politiques, intellectuels et artistes du Xinjiang, au rang desquels on compte Rebiya Kadeer, « la mère des Ouïghours ». Face à « l'ennemi » chinois, l'*establishment* politique s'est déjà fait le porte-voix de la cause. Les soubresauts de 2018 donnent à Donald Trump l'occasion de se saisir à nouveau de la « question ouïghoure » et de l'utiliser, au même titre que les différends sino-américains sur la 5G, Hongkong ou Taïwan, comme un énième fer de lance dans la guerre commerciale menée contre Pékin.

Mais les démocraties européennes n'y ont pas le même intérêt. Elles se tortillent, mal à l'aise, car le bras de fer leur semble inégal, pour ne pas dire perdu d'avance. D'abord parce que la Chine excelle dans le domaine de la diplomatie économique : l'argent qu'elle déverse notamment sur les pays européens achète la complaisance et force les concessions des gouvernements. Le dernier levier activé par la Chine affiche des dimensions hors normes :

les « nouvelles routes de la soie », ce vaste projet d'infrastructures que la Chine développe en mer et sur terre, prévoient, entre autres, de relier l'empire du Milieu à l'Europe. Il la désigne inévitablement comme l'un de ses partenaires commerciaux privilégiés.

De plus, la Chine s'infiltre aussi dans les brèches que lui offre l'Organisation des Nations unies. En 2018, tandis que le Xinjiang termine sa mue à marche forcée, Pékin, poussé par un appétit insatiable, intrigue au sein des agences subsidiaires de l'Organisation pour placer ses pions à des postes stratégiques. Ses agents manient le lobbying et les menaces pour arriver à leurs fins, spécifiant petit à petit de nouvelles règles du jeu international où la prérogative des droits de l'homme se voit reléguée, au profit du développement économique et social des pays. La voix de la Chine pèse déjà bien au-delà de son droit de veto, là encore grâce à l'argent qu'elle injecte aux différents étages de l'ONU. Deux ans plus tôt, elle avait, par exemple, créé un Fonds d'affectation spéciale pour la paix par lequel elle s'engageait à financer des projets à hauteur de deux cents millions de dollars sur dix ans. En 2018, parmi les trois organisations consacrées à l'aviation civile internationale, au développement industriel et aux télécommunications qu'elle dirige, deux des secrétaires généraux chinois[1] en place sont reconduits pour des mandats de trois et quatre ans. Discrètement, la Chine s'installe durablement à des places stratégiques.

Le meilleur exemple reste sans doute l'élection de Qu

1. Fang Liu est reconduite à la tête de l'Organisation de l'aviation civile internationale (OACI) et Li Yong, à l'Organisation des Nations unies pour le développement industriel (ONUDI).

Dongyu à la tête de la FAO, l'Organisation des Nations unies chargée de lutter contre la faim dans le monde. En juillet 2019, le vice-ministre de l'Agriculture chinois est élu dès le premier tour avec le score écrasant de 108 voix sur 191, alors que pour cette élection la candidate française, Caroline Geslain-Lanéelle, était la grande favorite de la campagne. Dans les rangs des diplomates, on murmure alors que le lobbying et l'argent chinois ont une fois de plus pipé les dés du vote : la Chine, qui finançait abondamment la FAO depuis des années, aurait, entre autres, effacé la dette de plusieurs pays membres, dont celle du Cameroun (d'un montant de soixante-dix millions de dollars), en échange du retrait de sa candidature. Caroline Geslain-Lanéelle le déclare sans détour à l'issue de la campagne : « La Chine a fait une campagne très agressive, avec des moyens que nous n'utilisons pas[1]. »

Pesant ainsi de tout son poids sur l'ONU, la Chine anticipe les accusations qu'on lui adressera lorsque le dossier des « camps de rééducation » du Xinjiang arrivera à la table des discussions du Conseil des droits de l'homme, à Genève, en Suisse. Rattaché aux Nations unies, cet organe intergouvernemental mène enquêtes et comptes rendus dans les pays où les droits de l'homme vacillent. En 2018, un dossier « Ouïghours » existe déjà mais ne donne lieu, pour l'instant, à aucune confrontation avec la Chine.

Le combat de Gulhumar piétine, loin des rampes médiatiques et des regards entendus des experts onusiens. Alors que les révélations sur les camps de rééducation se déversent partout, ma fille lance des bouteilles à la mer

1. « Un Chinois élu à la tête de la FAO », *Le Figaro*, 23 juin 2019.

pour me faire libérer. Elle toque à toutes les portes : celles de familles ouïghoures exilées, de personnalités de la diaspora, d'avocats spécialistes des droits de l'homme. Ils lui prodiguent conseils et réconfort, mais pas de résultat.

Elle s'épuise dans une relation épistolaire, qui patauge, avec le vice-consul de France à Pékin. La plupart de ses e-mails désespérés restent sans réponse. Parfois, un employé du Consulat la rappelle pour la rassurer mais aucune information concrète, aucune négociation avec les autorités du Xinjiang ne lui permet d'espérer mon retour. Les quelques appels qu'elle a passés à ma mère ou à ma sœur au Xinjiang sont restés évasifs et inquiétants : « Tout va bien », « Oui, vraiment, tout va bien pour ta mère, ne t'inquiète pas », lui répondent-elles. La dernière fois qu'elle est parvenue à joindre ma mère, celle-ci a fondu en larmes et lui a tout avoué : « Je t'en prie, ne le prends pas mal, mais ne nous appelle plus. Ils sont venus nous interroger très longtemps et tout le monde est traumatisé. On ne sait pas pourquoi ils nous traitent comme ça. »

J'imagine des policiers, peut-être les mêmes que ceux qui me détiennent, dans la cuisine de ma mère, à Ghulja, l'interrogeant pendant qu'elle leur sert le thé. Et ma mère, assise en face d'eux, promettant de dire tout ce qu'elle sait.

Quatre jours plus tard, Gulhumar a retenté sa chance. En vain. Après avoir composé le numéro de sa grand-mère, la tonalité a coupé. Comme si la ligne, tout d'un coup, n'existait plus ; comme si le numéro, soudain, avait été supprimé.

Depuis deux ans, mes filles et mon mari imaginent le pire : ils me croient morte. Kerim a perdu trente kilos, il s'est enfoncé dans une profonde dépression. Il travaille sans relâche, mais son œil s'est éteint. Dans des moments d'égarement, il envisage de venir au Xinjiang pour me retrouver.

Chapitre 13

Printemps 2018.

Plusieurs centaines de milliers de kilomètres les séparent. Plusieurs décennies aussi. Le premier, âgé d'une quarantaine d'années, est un chercheur allemand indépendant. Le second, dans sa vingtaine et d'origine chinoise, poursuit des études de droit à l'université British Columbia de Vancouver au Canada. Tandis que le premier subit déjà l'ire de Pékin pour ses recherches sur la répression chinoise au Tibet, le second vit encore dans un anonymat relatif. Il n'est connu ni des autorités chinoises, ni des diasporas ouïghoures éclatées sur le globe. Le premier se nomme Adrian Zenz. Le second, Shawn Zhang.

Les deux hommes ont un point commun. Au printemps 2018, tandis que se déverse dans la presse un flot de récits, terribles mais invérifiables, de familles ouïghoures ayant perdu la trace de proches, ainsi que ceux de quelques rares rescapés des « écoles », les deux hommes apportent ce qu'il manquait aux gouvernements et aux instances internationales : des preuves. Des centaines de preuves.

Zenz, qui a épluché les documents officiels de la province, les appels d'offres de construction des marchés publics et les offres d'emploi en ligne[1], a retracé la genèse du système de rééducation. Il peut prouver la multiplication des camps depuis l'arrivée de Chen Quanguo à la tête du Xinjiang en août 2016 jusqu'à ce printemps 2018. Il a aussi passé la presse locale et régionale, où les officiels s'expriment, au peigne fin. Ses estimations sont affolantes : selon lui, le Xinjiang compterait 1 200 centres de rééducation, pouvant respectivement accueillir entre 250 et 880 détenus. Environ un million de personnes seraient ou auraient été déportées dans ces camps.

Les négligences de sa machine à censurer auraient-elles piégé la Chine à son propre jeu ? En effet, au cours de son enquête, Zenz accède sans difficultés à ces données en *open source*, c'est-à-dire en libre accès. Il lui suffit de se balader sur les sites de la province, truffés de cette manne infinie d'informations embarrassantes, pour comprendre les mécanismes du projet de rééducation idéologique qui vise les Ouïghours. En ligne, le bureau de la propagande ne s'inquiète pas plus de maquiller les annonces parsemées du mot « camp de rééducation » que celles où l'on lit « transformation par le travail ». À croire que, dans le huis clos du Xinjiang, ces écoles ne sont déjà plus un secret pour personne.

En mai 2017, le Bureau public de l'emploi de Karamay recherche par exemple « 110 employés en camps de rééducation pour quatre classes différentes de "transformation par l'éducation" » ainsi que « 248 policiers pour des

1. Adrian Zenz, « "Thoroughly reforming them towards a healthy heart attitude": China's political re-education campaign in Xinjiang », European School of Culture and Theology, Korntal, updated September 6, 2018.

postes attribués à des commissariats, des postes de contrôle et des centres de “transformation par l’éducation” », note Zenz. Quelque temps plus tard, le site web de la fonction publique régionale précise que deux villes de la préfecture de Hotan ouvrent « plusieurs postes d’enseignement » dans des « centres de “transformation par l’éducation” ». Ils requièrent des « connaissances en psychologie criminelle » et « en marxisme ». Dans la majorité des offres de construction, les marchés publics précisent des standards d’équipements des bâtiments sans équivoque. Ils mentionnent les « murs d’enceinte, les clôtures de sécurité, le treillis métallique, les fils barbelés, les portes et les fenêtres de sécurité renforcée », mais aussi « des systèmes de surveillance, des tours de guet, des salles de gardes, des postes de police ou des installations pour forces de police armées », « des portes et lits spéciaux pour les cellules de prison ». Autant d’éléments qui prouvent que ces « écoles » ne sont pas de simples écoles, mais de véritables centres de détention fortifiés et ultra-sécurisés.

Zhang, lui, scrute les images satellites. Les données de localisation précisées dans les appels d’offres lui permettent de retrouver la trace de dizaines de camps. Il les reconnaît aux épaisses forêts de barbelés et aux tours de guet qui hérissent les flancs des bâtiments. Parfois, là où il n’y avait rien d’autre que des étendues de désert un mois plus tôt, il voit pousser à toute allure de gigantesques complexes de détention. Jour après jour, il consulte ces images où l’on voit les camps sortir de terre. Sur le blog Medium qu’il ouvre au printemps 2018, il renseigne la localisation et les captures d’écran de trois premiers centres situés dans Kashgar, la grande ville du sud de la province, et ses environs. Le *post* date du 20 mai 2018. Deux jours plus tard, il publie à nouveau : un camp de Hotan, cette fois. Puis un autre le jour même, localisé à Karakax, une ville située elle aussi dans la préfecture de Hotan. Sur sa carte interactive, les balises rouges s'accumulent. En devenant lanceur d'alerte, Zhang sait qu'il met sa famille de Chine en danger. Le Parti communiste ne lui pardonnera pas d'avoir donné un visage aux camps. Ses parents ont déjà été contactés par les autorités locales mais lui, sans relâche, continue d'alimenter son blog.

Si le monde en doutait encore, voilà qu'il en a la confirmation : bien qu'elle prétende le contraire, la Chine n'a pas fini d'utiliser les camps de travail. Jusqu'à ce qu'elle affirme purger en 2013 son système carcéral de ces méthodes répressives, elle possédait un solide réseau de centres de détention où elle envoyait, sans distinction, dissidents politiques et religieux, criminels, marginaux. Introduits par Mao Tsé-toung en 1957, les *laogai*, littéralement des « centres de réforme par le travail », étaient à l'empire du Milieu ce que le Goulag était à l'URSS : un gigantesque archipel dispersé dans le pays où les détenus s'épuisaient à racheter leurs « crimes » à la force de leurs bras. Particularité nationale, son réseau carcéral tentaculaire possédait une catégorie indépendante nommée les *laojiao*, des « centres de rééducation par le travail » qui, à la différence des *laogai*, échappaient aux règles encadrant les procédures judiciaires en Chine. Autrement dit, n'importe qui, dès lors que ses pensées étaient jugées mauvaises, pouvait être envoyé, sans passer par un tribunal, dans un *laojiao* pour une durée pouvant aller jusqu'à quatre ans. Prétendument disparues en même temps que les *laogai* en 2013, ces structures visaient notamment à redresser ceux que le Parti considérait comme soumis à des influences spirituelles.

À bien des égards, la structure extrajudiciaire et la visée idéologique des « écoles » ressuscitent les violents *laojiao* de l'ère maoïste. Au Xinjiang, la répression ne cible pas seulement les actes des Ouïghours, même si Pékin prétend que ces écoles sont une réponse à la menace terroriste dans la province. Zenz le relève à de nombreuses reprises dans la presse régionale et locale[1] : ce sont aux croyances et aux pensées des Ouïghours que le Parti, qui ponctue sans parcimonie ses déclarations officielles de termes médicaux, s'attaque. Selon le Parti communiste, les Ouïghours vivent sous l'emprise toxique de la religion, une maladie qu'il convient d'éradiquer par la rééducation. Ils sont le terreau fertile de l'islam radical et du terrorisme, un fléau qu'il faut anéantir. Aussi, le travail de rééducation dans les écoles se concentre-t-il moins sur le labeur physique que sur la transformation de l'âme par des techniques d'épuisement.

Au printemps 2018, Zenz et Zhang ne sont pas les seuls à fouiller les tiroirs de la Chine. À Paris, dans l'anonymat le plus total, ma fille Gulhumar mène aussi son enquête. Grâce à sa maîtrise parfaite du mandarin, elle scrute l'internet chinois, cherchant sans relâche des preuves de l'existence des camps. Sur les applications WeChat et Douyin, l'équivalent de WhatsApp et TikTok, elle récupère les publications de ses connaissances restées au Xinjiang. Il faut être rapide car la plupart ne restent en ligne qu'une poignée de minutes, le temps que le rouleau compresseur de la propagande ne s'enclenche. Alors, elle

1. Adrian Zenz, « Thoroughly reforming them towards a healthy heart attitude », *op. cit.*

capture tout ce qui lui paraît douteux : un appel d'offres pour des travaux dans une « école », une offre d'emploi d'électricien dans un « centre de formation professionnelle », des images de crématoriums, les rues vides d'un quartier de Karamay autrefois très fréquenté... Les articles de presse et ses messages désespérés transférés à l'ambassade de France à Pékin n'ont pas suffi. Elle veut comprendre pourquoi notre famille au Xinjiang ne répond plus au téléphone.

Depuis deux ans, tandis que je croupis dans les geôles chinoises, elle se démène pour ma survie et ma libération. Elle sait que les informations sont ultra-confidentielles et reposent dans une base de données secrète, elle-même enfouie dans le dédale de fichiers que possèdent les autorités du Xinjiang. Mon dossier fait partie de ces « cas sensibles » que les autorités dissimulent. Le Xinjiang est un coffre-fort sans combinaison d'accès.

Hiver 2017 : mon dossier atterrit au Quai d'Orsay. Une connaissance a mis Gulhumar en relation avec l'ambassadeur des droits de l'homme au ministère des Affaires étrangères, François Croquette. Il les a écoutés une matinée entière, elle et quatre autres Ouïghours exilés. Grâce à lui, il existe un dossier « consulaire » à mon nom. Mon cas sera traité comme celui d'une citoyenne française, a-t-on promis à Gulhumar.

Depuis, une femme brune perdue dans un tailleur sombre la reçoit une fois par mois. Dans son bureau sobre et baigné de lumière, Gulhumar déverse tout : notre passé à Karamay, l'arrivée en France, les années paisibles à Boulogne et puis, soudain, ce coup de fil mystérieux, mon départ et ma disparition dans les entrailles du Xinjiang.

Elle confie aussi son hypothèse : que j'ai été enfermée dans un camp de rééducation ; et sa crainte principale : les autorités chinoises vont me condamner à mort. En face, la femme l'écoute sans l'interrompre. Elle prend des notes et lui tend un verre d'eau pour que Gulhumar reprenne son souffle. Quand sa voix s'étrangle sous l'émotion, elle se penche au-dessus du bureau qui les sépare et lui étreint la main avec douceur.

Sur place, à Pékin, le Quai a enclenché sa machine diplomatique. L'équipe a contacté l'ambassade de France et le ministère des Affaires étrangères chinois. Des négociations ont été entamées. À ce stade, il s'agit d'abord de comprendre où je me trouve et pourquoi on me retient. Chaque mois, des réunions générales ont lieu entre les autorités chinoises et l'ambassade. Mon nom y est évoqué. Mais pour l'instant rien de concluant n'est sorti des discussions : les Chinois se contentent de prendre des notes, explique la jeune femme en tailleur à Gulhumar. « Ils prennent des notes ? Comment ça, ils prennent des notes ? » « Eh bien, ils notent des informations sur votre mère. Ils vont les faire remonter au-dessus d'eux. » Gulhumar contient sa colère. Son interlocutrice la rassure : à chaque rencontre, à chaque sommet, à chaque entrevue privée entre les dirigeants français et leurs homologues chinois, mon histoire est mentionnée. « Je vous promets que nous faisons tout notre possible pour la sortir de là. »

Dans les méandres de la diplomatie franco-chinoise, plus personne n'ignore mon cas. L'« affaire Gulbahar Haitiwaji » : une femme Ouïghoure exilée en France et retenue sans raison par la Chine, dans un camp de rééducation secret du gouvernement. Une énième fois, on lui demande de faire preuve de patience. Les discussions en cours sont extrêmement sensibles. Le moindre mot de travers pourrait froisser la Chine et classer mon dossier sans suite. Le Xinjiang se trouve à des milliers de kilomètres de Pékin. C'est un lieu coupé du monde. Donc, pour l'instant, pas question de demander aux Chinois d'envoyer une délégation dans la province.

Gulhumar soupire. Du temps, ils n'en ont plus. Bientôt, cela fera deux ans que je suis retenue au Xinjiang. En parallèle des rendez-vous au ministère, Gulhumar avertit la presse. La jeune femme en tailleur lui a donné son accord. C'est certain, en témoignant dans les médias, son combat aura un écho plus grand. Mais attention, l'a-t-elle avertie, il ne faut pas me présenter comme une « égérie » de la cause ouïghoure ni un combat politique. Cela pourrait nuire aux petites avancées qu'ils accumulent dans l'ombre. Les Chinois se refroidiraient.

Quand elle rentre le soir, éreintée de sa journée de travail, le doute s'empare de ma fille à nouveau : tout cela n'est-il pas vain ? Kerim, lui, n'y tient plus. Il enrage : « S'ils n'y vont pas, c'est moi qui irai ! Je m'en fous, je suis réfugié politique ! Au pire, c'est moi qu'ils emprisonneront à sa place. Elle n'a rien fait, merde ! » Les témoignages dans la presse et les rendez-vous au Quai d'Orsay ne suffisent pas, Gulhumar craint que Kerim ne mette son plan à exécution. Comment feront-elles avec Gulnigar si lui aussi part au Xinjiang ?

Quelques mois plus tard, un événement majeur vient apporter un souffle nouveau au combat : en août 2018, l'ONU condamne officiellement les camps de rééducation du Xinjiang[1]. C'est la première fois que l'institution se prononce. C'est inédit et la jeune femme en tailleur appelle tout de suite Gulhumar. « Ça va faire bouger les choses, il faut y croire ! On avance ! » s'exclame-t-elle. Forte du rapport d'Adrian Zenz, des images de Shawn Zhang et des multiples témoignages de Ouïghours exilés, l'ONU entend demander des comptes à la Chine et faire accéder des délégations indépendantes au Xinjiang pour constater l'ampleur de ce qui n'est autre qu'un génocide.

La Chine sort brusquement de son silence. En octobre 2018, elle reconnaît l'existence de centres de « transformation par l'éducation » mais rejette en bloc la puissante atteinte de ces camps aux droits de l'homme[2]. Pour elle, ce sont de banals « centres de formation professionnelle » qui visent à lutter contre le terrorisme, l'islamisme radical et le chômage. La réaction, aussi peu surprenante qu'inquiétante, annonce ce que redoutaient déjà les observateurs étrangers : la Chine n'a pas l'intention d'arrêter la déportation des Ouïghours. Non, bien au contraire. Son annonce prouve même qu'en cette année 2018 elle a mis au point un système légal permettant de justifier l'existence de ces camps au reste du monde.

1. « ONG et ONU dénoncent les camps d'internement en Chine pour Ouïghours », France 24, 17 août 2018.

2. « La Chine reconnaît l'existence de camps de détention pour musulmans », *Libération*, 13 octobre 2018.

Chapitre 14

Quelque part au nord du Xinjiang,
5 novembre 2018.

« Ne vous inquiétez pas, vous serez toutes jugées pour un délit précis. » Le directeur de Baijiantan se voulait très rassurant quand il a prononcé ces mots. Comme si c'était une fleur, un cadeau qu'il nous faisait à nous, pauvres petites détenues épuisées. « Tiens, voilà pour vous, de la prison pendant six, neuf, ou quinze ans ! » Quelle blague. Un peu plus et il aurait fallu qu'on le remercie ! Vraiment, quelle blague. Il y a six mois, quelque chose d'autre m'avait interloquée en entendant susurrer le directeur : comment pourraient-ils me juger vu qu'ils n'ont rien sur moi ? Ah, pardon, si, une photo de Gulhumar dans une manifestation à Paris, voilà tout. Mais condamne-t-on quelqu'un pour si peu ? Je me suis bien gardée de poser la question à Mihray. J'ai arrêté les provocations car les punitions pleuvent sur nous pour un oui ou pour un non. Au mieux les surveillants m'auraient collé une paire de gifles et quelques coups, au pire j'aurais passé une semaine à l'isolement. Je n'en avais pas le courage.

Je ne suis plus que l'ombre de moi-même. Un fantôme.

Si Kerim, Gulhumar et Gulnigar me voyaient, ils hurleraient. Je ne pèse pas plus de cinquante kilos. À cause de la lumière aveuglante de Baijiantan, ma vue a beaucoup baissé et, sous mes paupières, de lourds cernes forment deux petites étendues noires. Moi qui m'employais à ce que pas un cheveu blanc ne campe dans ma tignasse, me voilà pourvue d'un paquet informe de mèches emmêlées. Mon cœur bat si faiblement que je ne le sens plus lorsque je presse ma main sur ma poitrine. D'autres fois, mon dos se bloque et mes jambes se raidissent comme du bois, soudain parcourues de crampes infernales.

Autour de moi, partout, la vie en camp a laissé des marques indélébiles. À force de nous traîner sur le lino, nous sommes devenues un pitoyable amas de corps mous et tordus. Nos visages verdâtres ont enflé. Est-ce dû au fait de rester inertes et suantes sous les néons ? La lumière du jour me manque. Nous n'avons le droit qu'à trois ou quatre courtes promenades par semaine. Est-ce cette sale nourriture dont on remplit nos gamelles ? Je n'y touche quasiment plus. Ils veulent nous laisser mourir ici ? Dans ce cas, à quoi bon s'alimenter ? Est-ce aussi les piqûres qu'ils nous infligent ? Au printemps, les infirmières ont prétexté une nouvelle épidémie de grippe et cette fois je n'ai pas opposé la résistance farouche de l'hiver dernier. Comme toutes les autres, j'ai tendu le bras à l'infirmière puis signé la décharge en mandarin qu'elle me présentait. Comme toutes les autres, je n'ai pas eu le courage, à ce moment-là, de me demander s'ils nous injectent un vaccin ou bien un poison qui nous fait perdre la mémoire. Car toutes, nous perdons nos souvenirs.

Qu'allons-nous devenir sans nos souvenirs ? Avant, le soir, les chuchotements des femmes tapissaient notre cellule. Habité ainsi de nos conversations, notre habitacle malodorant devenait moins glauque, moins vide. Les mères parlaient de leurs enfants. Un petit dernier turbulent ; un aîné qui allait se marier, et puis un mari, lui aussi enfermé dans un autre camp, un camp pour les hommes. Les jeunes filles souriaient en évoquant des fiancés qui les attendaient dehors. Elles s'inquiétaient de pouvoir mener une vie de femme « normale », comprendre avec une sexualité féconde, ce à quoi nous, les anciennes, apportions notre lot de commentaires rassurants. Moi, je leur contais l'étranger, la vie des familles ouïghoures exilées qui se retrouvent dans une maisonnette de la banlieue parisienne autour d'un barbecue pour célébrer Norouz ; les petites solidarités qui tissent des liens forts et les enfants qui, en grandissant, parlent entre eux une autre langue. Les autres m'écoutaient avec des regards gourmands mais craintifs. L'étranger. Le reste du monde. Cela paraissait si lointain.

Chaque soir, ces souvenirs nous ramenaient à la vie. Les conter comme des histoires au coin du feu attisait les braises de notre mémoire. Ainsi, nous restions les femmes que nous avions été : des mères, des épouses, des sœurs. Moi, même détenue et humiliée, je restais Gulbahar Haitiwaji car mes souvenirs m'appartenaient. Je me disais alors que jamais ils ne pourraient me les prendre.

Avec la perte de mémoire s'en sont allées nos discussions. Après les onze heures de classe quotidiennes, nous regagnons la cellule et, désormais, les filles s'avachissent sur leurs paillasses sans un mot. Nous n'avons plus la force de faire renaître chaque jour le bonheur qu'ils nous ont confisqué. Parfois, j'esquisse encore quelques mouvements de yoga, puis je rejoins ma couchette. Dans ce silence étouffant, on n'entend plus que le hoquet de la clim inversée coincée dans l'arête du mur.

Sans nos souvenirs, nous ne sommes plus que des détenues. Des femmes sans noms, sans histoires. Des « terroristes », des « criminelles » comme ils disent. Oui, sans nos souvenirs, nous sommes comme mortes.

Plus j'y réfléchis, plus je pense qu'ils en seraient capables. De me tuer, je veux dire. Après tout, la Chine a déjà prouvé qu'elle n'a aucun état d'âme pour les Ouïghours. Je suis ici depuis presque deux ans alors que je suis innocente. J'ai vu des dizaines de femmes disparaître et on me promet un procès qui va m'envoyer je ne sais où, alors pourquoi pas dans une tombe ?

Depuis ce matin, la promesse du directeur a été mise à exécution par les surveillants : on appelle les premières filles. Elles quittent la salle de classe par groupe de deux ou trois. Celles qui sont parties ne sont pas revenues. Mon Dieu, ou les emmènent-ils ? En prison ? Dans le désert pour les tuer ? Dans d'autres camps plus inhumains encore que le nôtre ?

Nous ne sommes plus à Baijiantan. On nous a transférées le mois dernier. Un soir, après le dîner, les surveillants ne nous ont pas reconduites à la salle d'étude comme d'habitude. Ils nous ont poussées vers nos cellules sans un mot, et nous ont donné à chacune un grand sac plastique noir. « Mettez vos affaires dedans », ont-ils ordonné. Il était tard quand ils sont revenus nous chercher. Après avoir inscrit nos numéros sur chaque sac, ils ont tout embarqué. « On va où ? » a demandé une des filles. « Dans un autre camp, celui-là est trop petit. Là-bas, c'est très grand. Il y aura plus de place. » Personne n'a bronché. Il était tard, presque une heure du matin. Je m'en souviens car, sur le chemin de l'endroit où ils nous conduisaient (que je n'avais jamais emprunté avant), nous avons croisé une horloge. Nous avons dévalé quelques escaliers en silence, puis nous sommes arrivées dans une salle carrelée et sans âme, qui sentait fort la peinture. Une rangée de surveillants nous attendait là.

Mon ventre s'est contracté si fort que j'ai cru vomir. Comment ça, nous déshabiller ? Là, devant tout le monde, sous les néons ? Mais que vont-ils nous faire ? « Déshabillez-vous », répétait le surveillant principal. On s'est jeté quelques regards terrorisés en coin, mais qu'aurions-nous pu faire d'autre que nous exécuter ? Alors, j'ai tiré lentement sur le zip rouillé de ma combinaison puis j'ai entrepris de la faire glisser sur mes chevilles. Personne n'osait se regarder. C'était un moment horrible et, encore aujourd'hui, je frissonne quand j'y repense. Des silhouettes passaient derrière nos corps nus et raidis par cette position accroupie, les jambes écartées, qu'on nous avait ordonné de prendre. Ils vérifiaient que nous n'avions rien dissimulé dans nos parties intimes. Le sang me montait à la tête, le buste plongé vers l'avant. Je sentais leurs respirations moites dans mon dos. J'ai fermé les yeux, dégoûtée, humiliée, souillée.

On s'est rhabillées. Chacune de nous a disparu sous une cagoule noire en toile de jute, les mains menottées dans le dos. Puis, on nous a fait grimper dans des camions. Quinze minutes plus tard, nous sommes arrivées dans un Baijiantan auquel on aurait jeté un sort d'extension. C'était troublant : les bâtiments, les couloirs, les escaliers, les cellules... Tout y était identique, mais, comparées à Baijiantan, les proportions du lieu étaient gigantesques. Nous sommes plus de cinq cents femmes ici !

Un garde a fixé un bracelet électronique à mon poignet. L'objet, qui pince la peau coincée en dessous, me donne la désagréable impression d'un bras lourd et engourdi, comme si le sang y circulait mal. Les cours, les repas, les interrogatoires ont repris. Aujourd'hui, ils ont appelé Nurgul, Gulmira et Maynur. J'espère qu'ils ne me préviendront pas de la date de mon procès, qu'ils viendront me chercher le jour même. Je ne veux pas savoir quand mon tour viendra. « N'ayez pas peur. Ces procès sont de simples formalités », nous disent les professeurs, « estimez-vous heureuses : si vous n'étiez pas en camp, on vous aurait envoyées en prison. » Plus ils nous répètent de ne pas avoir peur, plus je tremble de peur. J'ai vraiment peur.

Chapitre 15

23 novembre 2018.

Ce matin, les policiers ont fait irruption dans la salle de classe. « Numéro neuf? C'est ton tour! » Parcourue de tremblements incontrôlables, je les ai suivis à travers une succession de couloirs, de portails de sécurité, d'autres couloirs, d'autres escaliers. Une fois de plus, j'ai pu constater à quel point le camp était grand. Les doigts du surveillant tapaient des combinaisons à toute allure. Il plaquait d'un geste vif son badge sur le boîtier de sécurité qui jouxte chaque porte. Dans un enchaînement de « bips » et de claquements de sas automatiques, notre petit groupe s'est extrait du bâtiment. C'était la première fois que je respirais l'air froid. Gelé, même. La tête me tournait.

Naïvement, je pensais que nous allions au tribunal de Karamay. Le « tribunal » se trouvait dans un gros bâtiment rectangulaire parallèle au nôtre. Nous avons marché quelques minutes et j'ai eu le temps de capturer plusieurs images en traversant l'allée: le mur de barbelés que personne ne peut franchir sans s'écorcher la peau et recevoir une décharge électrique; plusieurs tours de guet; une pelouse bien entretenue.

Dans la « salle d'attente », trois autres filles aux mines terrifiées patientaient en silence. Ma tutrice, qui n'était plus Mihray mais une femme d'origine mongole, m'attendait. Je l'observais du coin de l'œil. Elle ne me rendait pas mes regards. Un élan d'espoir insensé m'a alors traversée : peut-être qu'elle défendrait mon dossier auprès du juge. Peut-être qu'elle lui ferait part de mes bonnes notes. De mon comportement docile.

J'ai rejoint les autres prévenues sur le canapé. Quelqu'un m'a tendu un verre d'eau. J'en ai rempli ma bouche pâteuse, puis, je n'ai pas eu le temps de réfléchir, un garde m'a empoigné l'épaule et m'a poussée vers le couloir. Les trois filles avançaient devant moi. Nos tuteurs suivaient. Quelques minutes plus tard, nous étions assises sur un banc noir, les mains menottées. Derrière nous, les professeurs et une poignée de visiteurs s'étaient installés. J'ai croisé le regard humide de ma sœur. Madina! Les autorités du camp l'avaient prévenue. Elle avait fait le déplacement depuis Urümqi et elle m'auscultait d'un œil triste : vieillie, perdue dans ma combinaison sale, la mine malade. J'avais tellement pitié de cette situation que je n'ai pas réussi à lui sourire. Ma bouche s'est tordue en une moue bizarre. La sienne aussi. Je me suis retournée vers l'estrade. Le juge a décliné l'identité de la première femme puis l'a invitée à se lever. Toussotements, raclements de chaises, frottements des doigts du juge sur le dossier de l'accusée. Le procès commençait.

L'inconvénient d'être la dernière à passer, c'est que la certitude de finir mes jours ici a eu le temps de grimper lentement en moi. J'allais mourir dans un camp, c'était certain. Aussi n'ai-je rien écouté des jugements précédents. J'ai entendu les voix plaintives des condamnées, leurs tentatives balbutiantes pour apporter des explications, le ton sévère du juge disséquant leurs vies ordinaires de femmes ordinaires. Mais lorsqu'ils percutaient mon esprit, les mots se refusaient à moi. Je ne les comprenais pas. À l'intérieur comme à l'extérieur, tout mon être tremblait. Je me souviens d'une chose : les deux premières femmes ont été innocentées. La troisième a pris trois ans de rééducation. Et puis, de la même façon qu'au théâtre, le trac disparaît à l'annonce de la réplique qui précède la vôtre, parce que vous savez que votre moment est venu, que c'est à votre tour d'être sous les feux des projecteurs et que rien ne pourra s'y opposer, mon angoisse s'est envolée à l'appel de mon prénom. Je ne ressentais rien. Non, je ne ressentais plus rien. Mon corps n'était qu'une planche de bois raide et dure contre laquelle ricochaient toutes les balles du juge.

« L'accusée : Gulbahar Haitiwaji, 52 ans, est née le 24 décembre 1966 à Ghulja. Elle a quitté le Xinjiang pour la France en 2006. Elle est mariée à Kerim Haitiwaji depuis le 11 juin 1990. Kerim Haitiwaji est réfugié politique en France, il participe aux activités de l'Association des Ouïghours de France, une entreprise séparatiste et terroriste. Gulbahar Haitiwaji a vendu l'appartement qu'elle possédait avec Kerim Haitiwaji à Karamay en 2006. La même année, elle a fait supprimer les *hukou*[1] de

1. Le système du *hukou,* ce passeport intérieur, possède une dimension proche du livret de famille. Il prend la forme d'un carnet d'enregistrement du ménage où sont consignées les informations sur l'identité de chaque membre d'une famille. C'est le document auquel le juge fait référence lorsqu'il s'adresse ici à Gulbahar.

quatre personnes du livret de famille : Kerim Haitiwaji, Gulhumar Haitiwaji, Gulnigar Haitiwaji et elle-même. »

Le juge s'est raclé la gorge et m'a fait signe de me lever. Je me suis exécutée. Je ne tremblais plus. Il a dit : « Gulbahar Haitiwaji, reconnaissez-vous votre fille sur cette photo ? » Puis il a tendu vers l'assemblée le cliché de Gulhumar agitant son drapeau bleu ciel devant le Trocadéro. Sa voix résonnait dans le tribunal. C'était une vaste pièce au sol carrelé garnie de bancs en plastique noir et d'une estrade, depuis laquelle lui et deux autres hommes me toisaient. Il ne portait pas la robe que j'imaginais mais un uniforme en treillis gris, celui des militaires. J'ai répondu fort et distinctement : « Oui, c'est ma fille. » Et puis, l'un des trois a dit : « Gulbahar Haitiwaji, au regard de vos actes, il semble que vous ayez peu de considération pour votre pays. »

Je n'ai pas su quoi répondre. La voix du juge était dure et sentencieuse. Ma gorge s'est serrée. J'ai baissé la tête. Sur le banc derrière moi, ma sœur a étouffé un sanglot. Je me suis retournée pour lui demander de se taire.

« Tu lui as demandé de se taire ? lance l'une des filles lovées sur ma couchette.

— Oui, c'était gênant de l'entendre sangloter. Si elle avait continué, je me serais effondrée aussi. Et puis ce n'était pas elle qui était jugée. Si l'une d'entre nous devait pleurer, c'était à moi de le faire, non ? »

Rien de tout cela ne ressemblait à un procès. Dans un procès, il y a une salle d'audience qui ressemble à une salle d'audience, pas à la salle d'interrogatoire d'un commissariat ; un juge qui ressemble à un juge ; il ne porte pas d'uniforme militaire comme le petit homme replet qui se trouvait en face de moi. Les bancs sont remplis par un public, des personnes liées de près ou de loin à l'accusé : famille, amis, relations. On les appelle à la barre pour témoigner. Ici les bancs en plastique noir étaient vides et il n'y avait pas de pupitre destiné à faire intervenir une quelconque tierce personne. Ma sœur se mouchait dans un coin et, à part ses reniflements agaçants, on ne l'a entendue que pour remercier le juge et le Parti communiste chinois de m'avoir « donné l'opportunité de me repentir », juste après que ma peine a été prononcée. Bien sûr, quelqu'un lui avait dicté son texte. Planqué derrière une caméra, un type filmait la salle.

Dans un procès normal, on trouve aussi un avocat à côté du prévenu. Il s'interpose entre son client et le juge, il le défend. Il est son bouclier face à la machine judiciaire qui se déverse sur lui. À côté de moi, il n'y avait que ma tutrice, le visage fermé, la bouche pincée. Elle n'a pas dit un mot pendant les neuf minutes qu'a duré mon procès. Enfin, dans un vrai procès, il y a une accusée qui est une accusée, c'est-à-dire une personne qui a commis des actes susceptibles d'être jugés et condamnés. Moi, je suis innocente.

Non, ce procès n'était pas un procès mais, bien entendu, tout le monde faisait comme si ça l'était : le juge-policier ; ses comparses assis à sa gauche et à sa droite (des policiers, eux aussi en uniforme) ; les tuteurs qui devaient s'enorgueillir de singer les avocats, levant un sourcil quand le juge prend la parole, répondant par un sourire de façade aux regards inquiets de leurs clients. Et enfin, nous quatre, les prévenues, prises au piège d'un système judiciaire kafkaïen, illégal, où la justice n'existe pas et dans lequel, cela nous sautait aux yeux, il n'était pas question d'être jugées pour nos actes mais condamnées d'office pour ce que nous sommes : des Ouïghoures.

Plus que sur l'activisme de Kerim en France, plus que sur la photo de Gulhumar, le juge butait sur un élément de mon dossier : les *hukou* supprimés[1] du livret de famille et la vente de l'appartement de Karamay. « Pourquoi avez-vous supprimé les noms de vos filles, de votre mari et le vôtre ? » s'obstinait-il. « Je vous l'ai déjà dit : nous sommes partis en France car mon mari a eu une opportunité d'emploi là-bas. J'ai supprimé non pas quatre, mais trois *hukou*, ceux de mon mari et de mes filles. Oui, mon mari a obtenu le statut de réfugié politique[2]. » Au lieu de me demander pourquoi nous avions décidé de partir à l'étranger, ce qui était le reproche principal qu'on me faisait depuis deux ans, il s'attaquait alors à l'appartement :

« Vous l'avez vendu en 2006, c'est bien ça ?

— Non, en 2010. Nous étions déjà installés en France à l'époque. »

Quelque chose de bizarre s'est alors passé. Le juge

1. En 2012, à l'occasion de vacances d'été passées à Karamay avec Kerim et Gulnigar, Gulbahar se rend dans un commissariat et fait supprimer les *hukou* de son mari et de ses filles, tous trois naturalisés français, du livret de famille. À l'époque, beaucoup de Ouïghours ont déjà fui à l'étranger après le sanglant épisode des émeutes d'Urümqi (2009) et, parmi ses amis restés au Xinjiang, des rumeurs effrayantes courent : on lui affirme que, tant qu'elle n'aura pas supprimé les *hukou* des membres de sa famille, la Chine les considérera toujours comme des citoyens chinois, et qu'elle pourra donc les pourchasser en France et les rapatrier de force pour les juger.

2. Au cours des interrogatoires et de son procès, Gulbahar ne reconnaîtra jamais que ses deux filles ont, comme Kerim, obtenu le statut de réfugié politique, puis ont été naturalisées.

répétait sa question. Comme s'il n'avait pas intégré mon explication. Ou comme s'il voulait utiliser les précieuses minutes de mon procès à corriger des erreurs administratives parce que, j'en suis persuadée maintenant, la peine que j'allais purger était déjà fixée.

Toutes les Ouïghoures qu'on juge ici possèdent un lien avec l'étranger, surtout avec l'Europe. Certaines ont entretenu une relation téléphonique avec un frère, une sœur, un de leurs enfants exilés. D'autres leur ont même envoyé de l'argent. Je suis la seule à avoir choisi de m'exiler là-bas. Chacune a été condamnée à six, sept ou huit ans de rééducation.

Le juge n'en démordait pas :

« Vous avez supprimé trois ou quatre *hukou* ? Et l'appartement, vous l'avez vendu en 2006 ?

— Je l'ai déjà dit : trois *hukou*. Ceux de mes filles et de mon mari. Seul mon mari a obtenu le statut de réfugié politique. Moi, je n'ai pas demandé la naturalisation. Non, l'appartement, je l'ai vendu en 2010. »

Rien de ce que je pouvais dire n'aurait changé l'issue de ce procès factice. La conversation a encore traîné sur quelques banalités administratives puis le juge m'a laissé une minute pour exprimer mes « regrets ». Ma sœur avait arrêté de sangloter et pas un bruit dans la salle n'est venu rompre le flot de ma déclaration qui, je dois l'avouer, ne manquait pas d'hypocrisie. Au fond de moi, tout mon être révolté hurlait. Mais à l'extérieur, donner le change, simuler la repentance, était vital.

Je me suis lancée : « J'ai commis certaines erreurs administratives car je ne connaissais pas bien la loi. Je vous promets que je ne le referai plus. Même si j'ai vécu dix ans en France, je n'ai jamais cessé d'aimer la Chine. C'est d'ailleurs pour ça que je n'ai jamais demandé la naturalisation. Au plus profond de moi-même, j'aimerai toujours la Chine. »

« J'espère que vous y parviendrez », m'a répondu l'homme à gauche du juge. Puis le jugement est tombé. On m'a rappelé que je devais me sentir chanceuse, que mes crimes valaient de la prison et que, dans sa grandeur, la justice du Xinjiang m'envoyait dans un endroit meilleur : une école où je pourrai m'instruire et vivre dans des conditions honorables le temps de ma peine. Non, la peine ne courrait peut-être pas jusqu'à son terme, cela dépendrait de moi, de mon comportement, de l'introspection que je ferai, de l'énergie que je mettrai dans le rachat de mes crimes. Mais je n'écoutais déjà plus. Mes oreilles bourdonnaient, tout basculait, il n'y avait plus que ces mots : sept ans. Sept ans.

Le procès est terminé. La nuit est tombée. Dans ma nouvelle cellule, qui n'a de neuf que l'emplacement (dans un bâtiment voisin du précédent), des filles, condamnées comme moi, écoutent le récit de mon jugement, serrées les unes contre les autres. Au retour de la salle d'audience, les deux surveillants m'ont fait patienter dans une pièce dotée d'une large fenêtre vitrée donnant sur un couloir. Une cantine jouxtait la pièce et, alors que j'essayais de me représenter, dans ses grandes lignes, ma vie dans les sept prochaines années, j'ai entendu un crissement de chaussons dans le couloir.

En file indienne, des femmes se sont rangées le long de la vitre. Il y avait Nurgul, Gulmira et Maynur, ces filles emmenées quelques jours plus tôt à leur procès et que je n'avais pas revues depuis.

Nous étions dans le bâtiment de celles qui ont été jugées. Du menton, les yeux emplis d'une curiosité inquiète, les filles m'interrogeaient. J'ai lu sur leurs lèvres. « Tu as pris combien ? Au procès, ils t'ont condamnée à combien ? » J'ai formé le chiffre sept de mes doigts. « Sept ans ? » « Oui, sept ans ! » Les filles ont trouvé ça « gros ». J'insistais de mes mains. On a ri. Dans ces moments si terribles, on ne sait plus quoi penser ni ressentir. Alors le rire jaillit comme une bouffée d'oxygène.

Chapitre 16

Paris, 19 février 2019.

Sa voix est claire et appliquée. Son visage, grave et impassible. Ses réponses, précises. Ce soir-là, ma fille Gulhumar se tient en face d'une journaliste blonde. Dans son pull noir, les traits tirés par la fatigue, on pourrait la croire en deuil. Elle est l'invitée du journal de France 24. En cette fin d'hiver 2019, un froid pénétrant est tombé sur Paris. Tandis que les Français scrutent l'onde de choc des « gilets jaunes », elle entre dans la phase décisive de son combat.

À visage découvert, elle s'adresse à la Chine sans détour : « Je demande la libération de ma mère, Gulbahar, une femme innocente. » Une première dans la diaspora ouïghoure d'Europe. Une bombe envoyée à la Chine. Derrière elle, l'écran géant qui enveloppe le plateau projette les visages de ses parents et de sa sœur, tout sourire, dans la galerie des Glaces du château de Versailles, devant les douves de Chenonceau, au pied des attractions de Disneyland. À son mariage, en août 2016, aussi. Une éternité auparavant. Tandis que les photos-souvenirs défilent,

Gulhumar raconte comment j'ai été piégée par le système chinois.

C'était il y a deux ans. Moi, Gulbahar, j'ai disparu du jour au lendemain lors d'un voyage de quelques semaines à Karamay, au Xinjiang. Depuis, je n'ai pas pu envoyer ni un son ni une image à ma famille pour leur dire que je suis en vie. Mon mari et mes filles vivent dans l'angoisse. Pendus au téléphone, ils ont joint, des mois durant, notre famille d'Altay, celle de Ghulja, les amis d'Urümqi et de Karamay. Pas la moindre information. Ceux qui décrochent une première fois ne rappellent plus jamais ensuite.

En parallèle, ils ont aussi alerté les autorités du pays. Depuis Pékin, les services consulaires avancent à tâtons. Le Xinjiang est devenu un véritable bunker où les délégations étrangères n'accèdent qu'au prix de longues négociations. À ce jour, toutes sont restées vaines. Gulhumar a eu beau se lancer dans une longue correspondance par e-mails avec le vice-consul, celle-ci n'a rien donné. À Paris, le dossier est donc passé des mains du consulat à celles du Quai d'Orsay. En vain, à nouveau.

J'ai bel et bien disparu, et personne dans les autorités compétentes ne parvient à identifier le lieu où la police me détient. Pour ma famille, c'est une certitude : je suis retenue contre mon gré au Xinjiang. J'ai quitté la région il y a treize ans et suis mariée à un réfugié politique en France, je suis donc de facto une cible de choix pour le Parti communiste. Les équipes diplomatiques qui s'activent dans l'ombre prodiguent conseils et réconfort à ma famille en France mais aucune piste sérieuse ne se dégage. Jusqu'au mois de juin 2017, quand une voisine de Karamay finit par décrocher : « Ta mère est à l'école. Elle va bien », a-t-elle soufflé dans le téléphone à Gulhumar.

La pire hypothèse se confirme alors. Il est désormais évident que je suis en « rééducation ». Ces « écoles » ou « centres de formation » sont en réalité des prisons érigées en plein désert. Selon les ONG[1], plus d'un million de Ouïghours seraient enfermés dans ces « camps de rééducation ».

En Europe et aux États-Unis, les institutions ouïghoures qui représentent la diaspora crient au génocide ethnique et culturel. Elles multiplient les manifestations pour dénoncer la répression de Pékin sur leur peuple, preuves à l'appui : en ligne, la *Xinjiang Victims Database*[2], une base de données alimentée par les diasporas, recense tous ceux qui ont été aspirés dans les camps. Sur le site, à côté de leur photo, on trouve inscrits la date de leur disparition et le motif de leur détention.

« Alim Sulayman (n° 4014), 33 ans, homme. Profession : médecin. Arrestation : 2017. Condamnation : 10 ans. Motif : a résidé à l'étranger », « Shadiye Zakir (n° 1597), 57 ans, femme. Profession : ingénieure. Arrestation : 2018. Condamnation : 7 ans. Motif : a résidé à l'étranger », « Minewer Tursun (n° 1601), 43 ans, femme. Profession : femme au foyer. Arrestation : 2017. Condamnation : non renseignée. Motif : en contact avec des personnes à l'étranger », « Qonai Qasymhan (n° 2444), 41 ans, homme. Profession : non renseignée. Arrestation : 2018. Condamnation : 14 ans. Motif : religion »...

1. Amnesty International et le Human Rights Watch.

2. La *Xinjiang Victims Database* est une base de données qui recense les membres des minorités de la région (Ouïghours, Kazakhs, Kirghizes, Huis) envoyés dans des camps de rééducation, emprisonnés ou portés disparus. En publiant et en documentant les identités de ces milliers de personnes, ses fondateurs entendent préparer une multitude de preuves qui fourniront la matière première de futures poursuites judiciaires à l'encontre de la Chine.

Plusieurs centaines de milliers de Ouïghours sont emprisonnés dans ces camps, dont nul ne saurait dire où ils se trouvent exactement car la grande muraille numérique de la Chine rend les données de géolocalisation de la province inaccessibles. Leur existence a été confirmée grâce aux témoignages de quelques rares rescapés exilés à l'étranger. Des photos subtilisées là-bas et publiées sur internet montrent des rangées de prisonniers aux crânes rasés, assis au milieu du désert dans des combinaisons bleues.

Pour illustrer mon sort, Gulhumar évoque aussi les récits de deux rescapées, réfugiées aux États-Unis et en Turquie. Ils sont à peine croyables : les nuits passées à veiller, à tour de rôle, dans des cellules qu'elles partagent avec quarante congénères. La nourriture, sans goût, et ce mystérieux médicament qui plonge les détenues dans un état de torpeur inquiétant où les souvenirs s'effilochent ; où le temps disparaît au même titre que le cycle menstruel des femmes. Les décharges électriques administrées via des casques à électrodes, aussi.

Mais ce soir-là, sur le plateau de France 24, il y a une chose que Gulhumar ne raconte pas. C'est l'appartement de Boulogne et son atmosphère délétère. Là, une épaisse couche de poussière recouvre les livres de la bibliothèque du salon, autrefois impeccable. Kerim tourne en rond dans le séjour quand il ne balaie pas d'un doigt nerveux les nouvelles du Xinjiang sur son iPad. Il fume, fume, fume. Les mégots de Winston s'amoncellent dans le cendrier attenant aux jardinières abandonnées. Gulnigar se terre dans sa chambre, le visage enfoui dans son oreiller ou derrière son téléphone.

Depuis que j'ai disparu, c'est Gulhumar, mon aînée,

qui fait la maîtresse de maison. Elle passe trois fois par semaine après le travail, prévoit les menus, remplit le congélateur, passe un plumeau sur les meubles endormis. Parfois, elle n'a pas le courage d'ouvrir certaines pièces abandonnées dans le noir. Le désordre y est trop grand, à l'image de son cœur. Le soir, elle regagne épuisée l'appartement de Nanterre qu'elle habite avec Kaiser, son mari. Là, elle explose, elle hurle sa douleur, puis elle s'endort, le visage baigné de larmes. Mais chaque matin, c'est la colère qui la réveille. Celle qui lui vient de ses origines kazakhes, comme disait sa grand-mère d'Altay. Ce « sale caractère » que je lui connais bien.

En cette fin février 2019, la séquence de France 24 passe quasi inaperçue du grand public. Mais pour les Ouïghours de l'Hexagone, une communauté discrète et surtout étudiante, elle provoque une véritable onde de choc. Mi-fascinés mi-terrifiés, ils relaient la vidéo sur les réseaux sociaux. Elle leur donne une bouffée d'oxygène inespérée car, depuis plusieurs mois, ils reçoivent nombre de textos et d'appels de numéros inconnus répertoriés en Chine. Ces messages viennent des commissariats du Xinjiang. Dictés par les services de renseignement, ils sont tapés par les mains des fonctionnaires chargés de recenser et d'espionner les Ouïghours qui ont fui à l'étranger. Ces « traîtres » qu'ils cherchent à rapatrier et auxquels ils réservent le même sort qu'à moi.

Les demandes affluent, toujours plus oppressantes et plus précises : de la copie du contrat de bail à l'attestation de scolarité étudiante en passant par les diplômes. Les requêtes, aussi. Car quand un étudiant mord à l'hameçon, l'interlocuteur anonyme devient coriace. Les étudiants se voient ordonner de participer aux événements de l'Association des Ouïghours de France[1] et d'en rapporter le contenu. Ou de se rapprocher d'un militant éminent de la communauté. En somme, d'espionner pour le compte de la Chine moyennant une aide financière pour les plus dociles, car les étudiants sont précaires. Sous couvert de « valorisation des minorités ethniques à l'étranger », l'ambassade attribue des bourses. Dans la diaspora, personne n'est dupe. Ceux qui les reçoivent n'ont pas la conscience tranquille. Il faut s'en méfier.

Et si les étudiants refusent? Les espions chinois renvoient un argument massue: leurs familles restées au Xinjiang, à portée de main des autorités. Quand le texto du numéro privé reste sans réponse plusieurs jours, il se double d'un deuxième message envoyé par un proche. « Fais ce qu'ils demandent, s'il te plaît. » L'injonction, formulée avec des airs de dernière volonté, provoque presque toujours l'effet escompté. Les étudiants s'exécutent. Ils renseignent avec discrétion.

Depuis quelques mois, l'ambassade active en catimini un nouveau levier, censé faire ployer les Ouïghours de l'étranger les plus réfractaires. Ceux qui formulent une demande de renouvellement de passeport se le voient refuser, sans motif valable. « Vous êtes originaire du Xinjiang, on ne peut pas vous donner de nouveau passeport, vous devez rentrer là-bas pour faire vos démarches. C'est la consigne », leur assène-t-on au guichet, à Paris. Or, sans

1. L'institution culturelle qui représente la diaspora ouïghoure de France et dénonce la répression de la Chine dont l'ethnie est victime au Xinjiang.

passeport, impossible pour eux d'obtenir la précieuse carte de séjour qui permet de poursuivre ses études en France. Au-dessus de leurs têtes plane une nouvelle épée de Damoclès. En les condamnant à l'irrégularité, l'ambassade les contraint à regagner le Xinjiang. Aucun d'eux n'est dupe : là-bas, c'est une évidence, on les enfermera dans des camps.

Alors, ce soir-là, dans ce climat de méfiance où l'ami se confond avec la taupe, les mots de Gulhumar sont un baume pour les Ouïghours traqués par Pékin jusque dans l'Hexagone. À tous ces étudiants dont les témoignages anonymes dans la presse racontent la peur, elle donne du courage. Quand elle quitte le plateau de France 24, ma fille, ne le sait pas encore mais elle vient de déclencher les hostilités. Elle s'est exprimée à visage découvert en accusant la Chine de traitements inhumains. Elle est la première victime collatérale de l'entreprise de répression au Xinjiang à le faire. Les conséquences sont à la hauteur des risques qu'elle a pris : gigantesques. Derrière elle, dans l'ombre, le Quai d'Orsay attend la riposte. La rencontre de Xi Jinping et Emmanuel Macron à Paris en France est prévue pour le mois suivant[1]. Elle sera déterminante.

1. La visite de Xi Jinping en France se tient les 24, 25 et 26 mars 2019.

Chapitre 17

Karamay, 3 mars 2019.

J'allais passer sept années ici et, sans m'accommoder de cette idée insupportable, je n'avais d'autre choix que de me soumettre à la vie qui reprenait son cours. Un chapelet de journées identiques défilait, sans matin, sans soir, sans tristesse, sans espoir. Il n'y avait plus de lundi, de mardi ou de vendredi ; plus de déjeuner ou de dîner ; plus de leçons se distinguant des précédentes. Non, il n'y avait que des jours vides de sens, où l'écho des mastications de mes congénères dans la cantine succédait aux hurlements des surveillants, qui succédaient eux-mêmes à la litanie propagandiste des professeurs. Le jour de mon anniversaire, le 24 décembre, approchait et, loin de m'en réjouir, je me consolais à l'idée de la visite de ma sœur et de ma mère, pour lesquelles j'avais réussi à négocier une heure de parloir. Mais à quoi bon fêter un anniversaire ? me disais-je. Quel sens revêt la célébration du jour où vous êtes venue au monde, ce moment auquel on accole un tas de traditions joyeuses, lorsque vous vivez dans un endroit dépourvu de la moindre humanité ?

J'avais décidé de me laisser mourir. L'idée germait en moi depuis longtemps, ma condamnation ne faisait que m'y encourager davantage. C'est alors qu'il s'est passé une succession d'événements qui m'ont plongée dans un état d'angoisse et d'espoir simultanés.

C'était le 23 décembre, la veille de la venue de ma mère et de ma sœur. Nous avions déjà dîné et fini nos devoirs. En prévision de leur venue, pour laquelle je voulais qu'elles me trouvent amaigrie mais en forme, fatiguée mais vaillante, triste mais courageuse, je m'étais lavé les cheveux dans le lavabo de notre cellule. Je songeais sur ma paillasse, les cheveux mouillés donc, quand soudain la porte s'est ouverte, ce qui n'arrive jamais à cette heure tardive. Un garde est entré et il m'a demandé de le suivre. Une voix grésillait dans le vieil appareil. Quelques filles se sont redressées sur leurs couches. Lui écoutait d'une oreille les ordres en mandarin, l'air irrité de me voir ainsi, statique, l'air bête, les cheveux mouillés, pas pressée d'exécuter ses consignes alors qu'il souhaitait visiblement poursuivre la nuit dans laquelle il avait été dérangé. « Où m'emmenez-vous ? » lui ai-je demandé. « Range tes affaires, on y va. Tu reviendras dans quelques jours. » Je n'avais pas d'affaires, ou si peu, j'ai pris une veste qu'une fille me tendait et je l'ai suivi.

Dehors, un froid apocalyptique pinçait méchamment la peau. On s'est mis à courir dans la neige, nos souffles formaient de petits nuages blancs dans le noir. Puis, nous sommes arrivés au pied du bâtiment où l'on m'avait jugée en novembre. On a patienté à la porte quelques minutes interminables. Un type a parlé dans son talkie-walkie et, excédée d'être le jouet incessant des consignes obscures que recevaient les surveillants, j'ai coupé la voix du garde qui annonçait notre venue : « Je ne sais pas où vous m'emmenez, mais j'ai de la visite demain. Ma mère et ma sœur viennent pour mon anniversaire, elles sont déjà en ville. Emmenez-moi où vous voulez après leur passage. Je vous en prie, laissez-moi les voir. » Dans le talkie-walkie, la voix du type, un peu surpris, s'est arrêtée une seconde. Puis, il a grondé quelque chose. Je n'ai pas entendu quoi. « C'est non », m'a dit le garde. D'autres types sont alors arrivés. On m'a menotté les poignets, puis les chevilles. Alors que je retrouvais la sensation atroce de la ferraille contre la peau, une main m'a violemment enfilé une cagoule sur la tête. De nouveau, les chaînes et le noir complet m'annonçaient que j'allais être transférée quelque part. J'ai entendu le moteur d'une voiture dont on se rapproche, une portière latérale que des mains font coulisser. L'odeur d'un mauvais chauffage m'a rempli les narines en m'asseyant sur le siège.

Nous avons roulé dans la nuit. À cet instant, ils auraient pu me faire descendre et me fusiller au milieu du désert enneigé, je n'aurais rien ressenti. L'énergie qu'ils déployaient pour me tuer à petit feu était vaine. J'étais déjà morte de l'intérieur.

Ils m'ont emmenée dans une maison d'arrêt. Pas celle où j'avais été emprisonnée en 2017, une autre, plus grande, avec des policiers plus violents. Tandis que des mains empilaient dans les miennes le nécessaire de prisonnière que je ne connaissais que trop bien (brosse à dents, chaussons noirs, collant kaki, combinaison orange), d'autres jetaient de brusques coups de tondeuse dans ma tignasse. Des paquets irréguliers de mèches noires me tombaient sur les épaules.

« C'est nécessaire tout ça ?

— Si tu poses encore ce genre de questions, on tond tout », m'a répondu l'un des deux surveillants, un homme.

L'autre, une femme, s'est reculée d'un pas pour contempler le carnage. « Mais tu es très jolie ! Oui, c'est vraiment très joli ! » a-t-elle rigolé. Tout le monde a ri, comme si c'était une boutade, une blague potache et que moi, l'objet un peu trop susceptible de leurs railleries, vraiment, j'en faisais une histoire pour rien de mes cheveux.

« Qu'est-ce que c'est que cette chose ? » La surveillante pointait du doigt, interloquée, le bracelet électronique dont j'avais complètement oublié l'existence sur mon bras. « On va te retirer ça », a dit un autre. Après plusieurs tentatives, ils ont abandonné. Cet insupportable bracelet ne se décrochait pas, comme si, pour toujours, le camp me gardait sous sa surveillance. « On va te ramener à l'école pour le retirer », a fini par décider la surveillante. Une boule s'est alors formée dans mon ventre. Comment ça retourner au camp ? Non ! Si j'y retourne, c'est certain, je n'en ressortirai plus jamais !

« Non, je vais le retirer moi-même ! » J'ai arraché le petit objet de toutes mes forces, recroquevillant mes doigts dans la paume de ma main. Des marques rouges apparaissaient çà et là. Je pensais à l'autre option, celle où on me renverrait au camp pour ôter le bracelet. J'ai tiré un peu plus fort en grimaçant. Enfin, le bracelet a glissé sur mes phalanges, puis je l'ai tendu, soulagée, à la surveillante.

J'ai retrouvé l'atmosphère délétère et glaciale de la cellule où trente femmes respirent, dorment, mangent et pleurent ensemble, collées les unes contre les autres. Dans ce décor familier qui réveillait mes premiers traumatismes de la détention, j'ai reconnu à ma grande surprise un visage familier. Celui d'Almira.

Almira a cinquante-cinq ans. C'est une grande femme carrée qui fait partie de ces gens dont la joie communicative vous irradie dès qu'ils s'adressent à vous. J'étais sonnée quand elle s'est approchée de moi. On lui avait coupé les cheveux à ras elle aussi, elle avait beaucoup maigri. Ses hanches, son ventre, ses bras s'étaient comme vidés de leur chair et tout son corps tanguait. Ses jambes manquaient de se dérober à tout instant. Elle, excitée comme une puce, n'en revenait pas de me retrouver là, après toutes ces années, dans ce réduit misérable. « Gulbahar, Gulbahar ! C'est bien toi ? Comment vas-tu ? Tu n'étais pas en France ? Que fais-tu ici ? Ils ont pris Kerim aussi ? »

Almira était la professeure de littérature de Gulhumar au collège de Karamay. En octobre dernier, des gens du comité central de l'inspection disciplinaire sont venus l'interroger. D'après eux, une bagarre avait éclaté dans le collège entre des élèves hans et des élèves ouïghours. Almira a répondu qu'elle n'avait jamais entendu parler d'une telle bagarre. C'est là qu'ils l'ont embarquée au commissariat. En interrogatoire, les policiers l'ont accusée de favoriser l'enseignement en langue ouïghoure et pas en han, comme c'est la règle à présent. Elle n'a pas compris : n'était-elle pas au commissariat pour parler d'une bagarre d'élèves ? Visiblement, non. Ce qui intéressait les policiers, c'était son emploi, le contenu de ses leçons, ses opinions politiques, sa foi religieuse. Elle a eu beau argumenter, dire qu'elle n'était qu'une professeure de littérature, rien n'y a fait. Les policiers criaient autour d'elle, ils disaient qu'elle favorisait le séparatisme dans ses cours. Puis, ils ont commencé à lui taper dessus. Un médecin assistait à son tabassage quotidien et, quand elle s'évanouissait sous le « coup de trop », les policiers reculaient et lui intervenait pour soigner ses blessures. Puis les coups recommençaient. Almira n'a rien avoué car elle n'avait rien à avouer. Pourtant, au bout de quinze jours, ils l'ont transférée ici. C'était il y a trois mois.

Je ruminais l'histoire de cette pauvre Almira. Puis, j'ai croisé Zahida, une autre vieille amie de Karamay. Un autre visage du passé défiguré par la détention. Elle dormait à quelques couchettes de la mienne et, au bout de quelques jours passés à tourner en rond dans la cellule, elle a fini par me raconter ce qu'on lui avait fait. C'est là que j'ai compris que les policiers, affûtés comme des lames par le bourrage de crâne, n'ont aucune pitié pour nous. Ils nous traîneront dans le lit de la répression jusqu'à la folie, dans un immense bain de sang s'il le faut.

Quand nous habitions Karamay, le fils de Zahida, Dolkun, partageait la classe de Gulhumar. Elle aimait bien ce garçon à la présence paisible et rassurante, toujours de bonne humeur, toujours prêt à vous faire plaisir. Quand nous sommes partis, ils se sont perdus de vue. Dolkun ressemblait beaucoup à sa mère. Peut-être que je dis ça parce que j'ai toujours connu Zahida veuve. Son mari est mort très tôt. En plus de les avoir laissés inconsolables, sa disparition a entraîné une succession de problèmes financiers que nous, les amis de l'école et du quartier, tentions de panser. Mais même si Zahida peinait à élever ses deux enfants avec un seul salaire, elle ne s'en plaignait jamais. C'était une toute petite femme menue, à la gentillesse et au courage immenses.

Elle n'a même pas mentionné la raison pour laquelle, un matin de mai 2017, les policiers ont frappé à sa porte et l'ont arrêtée. Eux n'ont pas besoin de raison. Ils en bricoleront une lorsqu'ils liront son dossier, dans l'enceinte du commissariat. Alors, quand Zahida les a suivis, elle ne s'est doutée de rien. Sans doute a-t-elle pensé qu'elle sortirait du commissariat à la tombée de la nuit, après plusieurs heures d'interrogatoires passées à avaler des litres de thé. Mais cette fois-ci, les policiers voulaient qu'elle signe des aveux. Ils agitaient sous son nez la feuille, replaçaient le stylo dans sa main quand elle le lâchait, lasse d'expliquer qu'elle n'avait rien fait. Que tout ça n'était qu'une immense méprise. Zahida était têtue. Eux aussi. Alors ils l'ont enfermée en maison d'arrêt. Chaque jour, ils s'obstinaient, feuille en main. Elle refusait de signer. Je ne sais pas combien de temps tout cela a duré mais, un matin, dans la salle d'interrogatoire où elle expliquait une énième fois qu'elle était innocente, elle a entendu des cris. Des cris étouffés d'abord. À mesure qu'elle tendait l'oreille, ils se sont faits plus puissants. On torturait quelqu'un dans la pièce d'à côté. Que pouvait-on faire à cette personne pour qu'elle hurle de la sorte ? Sa souffrance devait être inimaginable. Enfin, il fallait que ça s'arrête ! « Arrêtez ! Arrêtez ! » criait-elle aux hommes qui la fixaient sans ciller. C'est alors qu'elle a reconnu sa voix. Celle de Dolkun, son fils. C'était son fils qu'ils torturaient et, sur la table devant elle, la feuille de ses aveux attendait sa signature. Zahida s'est exécutée en tremblant. Elle a signé le papier et les cris, progressivement, se sont tus. Puis, on l'a condamnée à quinze ans de prison. Depuis, elle dépérit dans la maison d'arrêt en attendant son transfert. Cela fait deux ans maintenant. Elle n'a jamais su ce qu'il était advenu de Dolkun. S'il était mort dans la pièce d'à côté ou si on l'avait lui aussi condamné puis emprisonné.

Et moi, que m'était-il arrivé depuis deux ans ? Puis-je comparer ma souffrance à celle d'Almira ? À celle de Zahida ? Non, non, je ne peux pas. Certes on m'a maltraitée. On m'a violentée. Les surveillants, les policiers, les professeurs ont usé de toutes les techniques de chantage, de toutes les menaces possibles pour me faire avouer des crimes aussi inexistants que les leurs. Pourtant, à part quelques claques et punitions, force est de constater que jamais personne ne m'a battue comme Almira. Jamais personne n'a torturé mon enfant comme ces autres brutes l'ont fait pour Zahida. Bien que victime du même grand projet de rééducation qu'elles, j'appartiens à une classe de détenues particulière, celle des exilées. L'idée germait alors en moi que ce paramètre pourrait m'offrir deux perspectives d'avenir radicalement opposées : soit il jouerait en ma faveur et m'aiderait à m'extirper de ce cauchemar (ma famille pouvant œuvrer depuis la France pour négocier ma libération), soit il me précipiterait dans des abysses plus profonds encore, où un sort terrible me serait réservé (aux yeux des autorités chinoises, j'avais commis un crime irréparable en quittant le Xinjiang pour la France. On m'avait condamnée à sept ans de rééducation avant de me sortir du camp au bout de quelques semaines, cela n'augurait rien de bon).

Almira et Zahida sont des Ouïghoures parmi des millions de Ouïghours au Xinjiang. Moi, je suis la femme d'un réfugié politique en France, un exilé ouïghour naturalisé, un Français donc. Si je sors de cet endroit maudit, ils ne pourront pas me garder au Xinjiang éternellement. Kerim me l'a répété cent fois. Loin de me faire préférer ma position, le sort de mes amies m'attristait d'autant plus profondément que leur avenir, qu'il se déroule en prison, en camp ou dehors, me semblait tout aussi noir. Je n'ose toujours pas penser à Zahida. L'idée me précipite dans une angoisse vertigineuse. Elle va passer quinze ans enfermée ! Quinze ans ! Et Almira, quelle perspective de vie peut-elle espérer ? Après six ou dix mois en maison d'arrêt, elle purgera probablement une peine de plusieurs années dans une « école » où la propagande aura raison de ses souvenirs, de son âme, de sa foi. Elle risquera aussi, dans le pire des cas, de finir dans une prison où sa dignité lui sera raflée. Comme Zahida. Quoi qu'il en soit, Almira sortira dans une éternité, les cheveux gris, les traits tirés, le corps flétri de cette maigreur qui n'est pas le reflet de la vieillesse, mais des mauvais traitements. Elle regagnera son appartement de Karamay. Qui l'attendra là-bas ? Son mari ? Son fils ? Eux aussi, d'ici là, seront emprisonnés pour une raison factice. Moi, mes filles et mon mari sont à l'abri. Ils ne pourront jamais me les prendre.

Almira reprendra ensuite une vie tranquille en apparence, mais infernale en réalité puisque jamais, même quand elle aura payé pour ses « crimes », les policiers ne lui accorderont la paix. Ils viendront toquer à sa porte à l'improviste, et elle devra répondre à leurs questions intrusives, simuler une docilité insupportable, manifester sa foi dans le Parti, peut-être même dénoncer des voisins ou des connaissances ouïghoures pour acheter une tranquillité éphémère. Almira vivra en prison toute sa vie. Comme ma mère, mes frères, mes sœurs et leurs enfants. Comme tous les autres Ouïghours.

Quelques semaines plus tard, j'ai croisé une troisième connaissance. Une autre femme, une Ouïghoure elle aussi. Nous nous étions rencontrées à la maison d'arrêt où j'avais séjourné en 2017. Nous n'étions pas du même côté de la barrière puisqu'elle dirigeait la maison d'arrêt en question. Comme beaucoup d'autres Ouïghours qui ont choisi de sauver leur peau en s'engageant dans la police ou dans la fonction publique locale, cela ne l'empêchait pas d'être sympathique vis-à-vis des détenues. Je ne saurais trop expliquer pourquoi, mais elle s'était prise d'affection pour moi et, quand je l'ai recroisée à la maison d'arrêt, elle m'a adressé un large sourire et m'a demandé ce que je faisais ici, de ce ton teinté d'enthousiasme que l'on adopte lorsque l'on croise une vieille connaissance au détour d'une rue. Après m'avoir écoutée, elle m'a promis de se renseigner sur mon cas. Quelques jours plus tard, je la croisai à nouveau et elle confirmait mon hypothèse : en ce début d'année 2018, on réservait aux détenues liées à l'étranger un sort particulier. Au compte-gouttes, les autorités les transféraient des camps aux maisons d'arrêt. Une femme dont la fille habite aux Pays-Bas avait quitté le même camp que le mien, une demi-heure après mon départ. Quelques jours plus tard, une autre dame était arrivée ici. Son frère vit au Royaume-Uni. Toutes deux avaient été placées dans des cellules voisines de la mienne.

Depuis, je retourne l'équation dans ma tête. Plus j'y pense, plus tout cela me paraît évident à présent : nous, les Ouïghoures liées à l'étranger par ce fil invisible – une fille, un fils, un cousin, une tante, ou une famille entière comme c'est mon cas – faisons l'objet d'un véritable casse-tête pour les autorités du Xinjiang. D'un côté, ils nous réservent une peine maximale, car nous sommes à leurs yeux paranoïaques des traîtres impardonnables : quand nous n'avons pas fui le pays, nous avons communiqué avec l'étranger. Nous sommes des espions travaillant pour le compte de l'Occident. De l'autre, nos proches en Europe doivent se manifester, c'est certain, pour obtenir notre libération. Les discriminations dont nous sommes l'objet révoltent Kerim depuis des années. Je l'imagine mal végéter dans le canapé en attendant mon retour. Gulnigar est encore jeune, mais Gulhumar, avec son endurance sans borne, ne doit pas se tourner les pouces non plus. Depuis le temps, ils ont dû prévenir les autorités françaises, c'est certain. Les Chinois doivent donc justifier les raisons de mon emprisonnement. Or, ils n'ont rien sur moi. Ils jouent avec le temps. La preuve avec les élucubrations administratives du juge sur le livret de famille et la vente de l'appartement de Karamay : ils cherchent quelque chose pour me garder prisonnière. Pour justifier ma rééducation. Il y a donc de l'espoir ! Je dois m'accrocher. S'ils n'ont rien sur moi et qu'en France les autorités françaises négocient ma libération, la Chine sera bien contrainte de déclarer forfait. Il y a de l'espoir !

Chapitre 18

11 mars 2019.

Les interrogatoires ressemblent à une partie d'échecs. Chacun – le policier d'un côté, le détenu de l'autre – possède ses pions, ses fous, ses tours, sa dame, son roi. Il les avance sur le plateau en suivant une stratégie qui se dessine à mesure que l'autre déplace aussi les siens. Certes, le policier arrive avec un avantage. Il lui permettra, se dit-il, de remporter la partie. Mais plus les interrogatoires s'accumulent, plus le détenu de l'autre côté du plateau anticipe les coups de l'adversaire. Il en apprend les ficelles, esquive ainsi les pièges que l'autre lui tend. Ainsi, sans dire que j'excellais à cette discipline, j'avais acquis les techniques des policiers qui cherchent à vous faire parler en provoquant simultanément colère, peur et désespoir chez vous. Eux avancent une photo, le visage d'un proche ou une série de messages téléphoniques pour vous déstabiliser. En face, il faut conserver une parfaite maîtrise de vos émotions, car le moindre tressaillement est une porte entrouverte qu'ils enfoncent d'un violent coup de pied. Forte de plusieurs centaines d'heures d'interrogatoire où j'avais accumulé de grandes défaites puis, au fur et à mesure, de petites victoires, je ne me suis donc pas inquiétée lorsque des policiers m'ont convoquée une semaine auparavant. C'était la banale routine de la détention. Je m'y suis pliée avec la docilité mécanique des prisonniers usés d'obtempérer et qui, afin d'économiser leur force, ne la déploie que pour les grandes occasions, c'est-à-dire celles où ils sentent la mort rôder. Des interrogatoires, j'en avais passé des dizaines, celui-ci ne m'enverrait pas dans une tombe.

Le type qui m'attendait dans la salle ne ressemblait pas aux précédents policiers. Il n'avait pas les manières de ceux qui, s'agaçant vite dans les lenteurs laborieuses de l'interrogatoire, finissent par vous hurler menaces ou insultes. Non, cet homme-là, visiblement d'origine kazakhe, affichait une tranquillité inquiétante. Sa politesse glaciale indiquait qu'il traitait des dossiers importants. Ce n'était pas un exécutant, mais un chef du renseignement intérieur. Il s'appelait Tasqin.

Il m'a regardé droit dans les yeux, les mains posées sur l'épaisse pochette rouge qui renferme mon dossier.

« Votre cas, Gulbahar Haitiwaji, cela fait deux ans que j'en entends parler. J'ai décidé de m'en occuper personnellement. Je me suis rendu à Ghulja dans votre famille et à l'université d'Urümqi pour rencontrer vos professeurs. Je veux clore ce dossier. Il faut en finir. »

Et pour en finir, « on va commencer par tout reprendre depuis le début », a-t-il poursuivi, très calme, alors que les deux policiers passaient autour de mes poignets et de mes chevilles les jeux de menottes. Je ne comprenais pas et, face à mon air interrogateur, il s'est expliqué : « On va reprendre votre dossier au début, c'est-à-dire à l'année

1985. » Là, mon cœur s'est arrêté de battre. Le corps tremblant au-dessus du plateau d'échecs, j'ai réalisé que je me trouvais en face d'un adversaire de taille, contre lequel mes stratagèmes d'esquive risquaient de ne m'être d'aucun secours.

En 1985, Tiananmen n'avait pas eu lieu mais les universités du pays couvaient déjà les germes d'un désir de changement porté par les étudiants. À Urümqi, les étudiants, toutes minorités confondues, demandaient des réformes balayant des questions ethniques aussi bien qu'économiques, annonciatrices de celles qui seraient hurlées et portées au bout de pancartes par les étudiants de Pékin qui occuperaient la place jouxtant la Cité interdite, au printemps 1989. C'était lors d'un mois de décembre frugal et venteux. Il avait beaucoup neigé cet hiver-là et, parmi la masse de jeunes hommes et femmes emmitouflés et gonflés d'espoir qui se rassemblaient sur la place centrale de la ville, se trouvaient Kerim, nos amis et moi. De ces moments passés avec la bande, je me souviens d'une ambiance joyeuse, faite de bonheurs simples. Nous n'avions que peu de ressources, mais les discussions sur l'avenir que nous abordions avec un enthousiasme insouciant nous poussaient à espérer le changement que toute jeune génération souhaite voir poindre d'une manière ou d'une autre dans la société où elle construit sa vie.

Avec une certaine naïveté, nous pensions que nos manifestations pacifiques recevraient l'écoute du gouvernement et que, petit à petit, ce changement tant espéré ensemble viendrait, sinon pour nous, du moins pour nos enfants. Le mouvement a été réprimé, non par la force comme à Tiananmen mais, déjà à l'époque, avec un programme de rééducation dans les universités : après le mois de décembre, des fonctionnaires venaient nous répéter combien ce que nous avions fait était mal. Nous ne nous rendions pas compte que les autorités nous lavaient le cerveau. Une fois arrivés à Karamay, nous avons oublié l'épisode. Voilà ce dont je me souviens. Voilà ce que j'ai raconté à Tasqin, le cœur battant. Lui m'observait de son œil sévère, cherchant la faille dans mon récit, la brèche dans laquelle il pourrait s'immiscer et ainsi me piéger, sans succès.

Puis la conversation a dérivé sur ma vie en France, notre arrivée, mon emploi dans une cantine bruyante de l'une des tours qui abritent les bureaux de La Défense, mes fréquentations (les familles de la diaspora), mes passions (la cuisine et le yoga). Rien que je n'avais déjà expliqué un million de fois aux précédents policiers.

On m'a laissé regagner ma cellule en fin de journée au terme de dix heures d'interrogatoire. Les choses ont alors pris une tournure étrange. Dès le lendemain, à la même heure, Tasqin m'a de nouveau convoquée. Croyez-en mon expérience, dans les maisons d'arrêt et les camps de rééducation chinois, être interrogée deux jours de suite n'arrive jamais. Ici, on vous laisse dépérir des mois sans information. Vous imaginez finir vos jours dans ce trou à rat et puis, soudain, un policier vous convoque, il vous raconte qu'il est allé voir votre famille, qu'au commissariat on s'est penché sur votre dossier et que oui, votre dossier avance mais que, bien entendu, vous ne pourrez sortir d'ici qu'après vous être totalement repentie. En somme, il vous fait croire que, bientôt, vous serez libre. Ainsi, chaque détenue ne perd pas totalement espoir. Elle se raccroche aux miettes d'informations qu'on lui jette dans sa cellule. Elle s'en nourrit pendant les longs mois qui suivent l'entrevue puisque, lui a-t-on dit, on la libérera si elle est patiente. Alors, elle fait preuve de patience. Elle serre les dents un peu plus fort. Non, être convoquée deux jours de suite, je peux vous l'assurer, ça n'arrive jamais.

Dans la cellule, les filles s'agitaient autour de moi comme un essaim d'abeilles. Les conseils et avis fusaient sans que j'arrive à comprendre si ma deuxième convocation annonçait de bonnes ou mauvaises nouvelles. Pour elles, une chose était sûre : si Tasqin voulait me voir à nouveau, c'est que mon dossier entrait dans sa phase finale. Je saurais d'ici peu quel sort me réservait la police de Karamay. Cette idée m'excitait autant qu'elle me terrifiait. Le 5 mars à neuf heures, nous avons entamé l'interrogatoire de la même manière, c'est-à-dire par les manifestations de l'année 1985 : quels amis s'y trouvaient, quelles opinions politiques je cultivais à l'époque, à quelles réunions étudiantes je participais. Toutes, absolument toutes ses questions étaient identiques à celles de la veille. Puis, la conversation a encore roulé sur notre arrivée avec Kerim et les filles en France, mon emploi dans une cantine, mes fréquentations, mes passions. J'ai regagné ma cellule au bout de dix heures, la gorge sèche, le corps parcouru de fourmillements. Le jour d'après, Tasqin m'a encore convoquée.

Les interrogatoires ont duré six jours. À mesure qu'il me voyait m'épuiser à répéter sous toutes ses coutures ma vie, celle de mon mari et de mes filles, lui gagnait du terrain. Par touches subtiles, il ponctuait mon récit de remarques censées m'amener à faire mon autocritique. « Tu sais que l'association de ton mari appartient à Rebiya Kadeer ? Tu le sais hein, que c'est une terroriste ? » Cinq jours de suite, je lui opposai que « non, ni mon mari ni

Rebiya Kadeer ne sont des terroristes », que « l'Association des Ouïghours de France auquel il a participé ne véhicule pas le séparatisme mais la culture ouïghoure ». Moi aussi, j'étais tenace. Je le répétais sans cesse, mais, à chacune de mes « mauvaises réponses », lui recommençait : « Rebiya Kadeer est une terroriste. » « Non, je vous dis que non. » « Rebiya Kadeer est une terroriste, répète après moi. Tu n'as pas l'air d'apprécier la méthode douce, peut-être qu'il faut qu'on passe à la manière forte ? »

Le sixième jour, j'ai cédé. Non parce que je croyais les tissus de mensonges qu'il me forçait à ingurgiter mais parce que je voulais qu'il se taise et que ces interrogatoires cauchemardesques cessent. Il m'a fait répéter, répéter, répéter ce qu'il voulait entendre et, quand il en a eu assez, il m'a dit : « C'est bon, tu es prête. » « La reine des interrogatoires », c'est ainsi qu'il me surnommait avec ironie. Je m'en veux tellement à présent.

Le 10 mars, hier, il n'y a pas eu d'interrogatoire. Aujourd'hui, les policiers sont venus me chercher. Comme à chaque fois, ils m'ont passé des chaînes, des menottes et une cagoule noire sur la tête. Tasqin nous a rejoint à l'extérieur. Alors que nous traversions une série de couloirs et d'escaliers, je préparais mon corps aux sévices. J'avais dit au revoir à mes codétenues d'un œil triste car, c'était un pressentiment, je savais que je ne les reverrai pas. Almira m'a rendu mon faible sourire. J'ai repensé aux coups qu'elle avait reçus. Quelle sensation cela fait d'être torturée ? Quels types de matériel utilisent les policiers ? Est-ce qu'ils vont me battre avec leurs poings comme Almira ? Est-ce qu'ils vont torturer une de mes sœurs, comme ils l'ont fait avec le fils de Zahida ? J'espère qu'ils frapperont la tête mais pas le corps, je n'ai plus que la peau sur les os.

Voilà les pensées qui me venaient alors que nous poursuivions notre route dans les couloirs sans âme du commissariat. Puis, les types m'ont fait entrer dans une pièce où patientaient un petit homme potelé et un groupe de femmes. Il s'appelait Luo, le « chef Luo ». Il a hurlé en me voyant : « Qu'est-ce que c'est que ces chaînes et ces menottes ! Retirez-lui la cagoule ! » Les autres se sont exécutés, confus.

On a monté quelques marches en silence. Ils m'ont poussée dans une pièce. J'ai balayé du regard l'espace, à la recherche d'instruments de torture, de chaînes, de cordes, de n'importe quoi confirmant le mauvais pressentiment qui me rongeait. Mais il n'y avait qu'une petite table collée à un mur sous un grand miroir, et deux lavabos dans un réduit attenant. Ce n'était pas une salle de torture, mais une salle de bains.

J'étais habillée de la même combinaison depuis des mois. Elle était imbibée de transpiration, et des humiliations qu'on m'avait fait subir. Elle sentait la pourriture de la détention. Les taches et la rouille dessus attestaient de l'état indigne dans lequel on m'avait laissée quand, soudain, on me pomponna comme si j'allais entrer en scène.

Une poignée de femmes s'empressaient autour de moi. Elles tiraient sur mes mèches courtes et fatiguées pour les teindre d'un coup de pinceau, jetaient mes vêtements de prisonnière dans un coin de la pièce et bourdonnaient autour de mon visage avec du mascara, du rouge à lèvres et des fards à paupières extraits de la console. L'une d'elles dessinait un trait d'eye-liner sur mes paupières gonflées, une autre passait un coup de blush sur mes joues creusées. Sans que je sache pourquoi, ces policières s'employaient à me redonner l'allure d'un être humain.

« Il paraît que tu as été très coopérative en interrogatoire. Tu vas redire ce que tu as dit au policier, mais cette fois on va te filmer. Tu es d'accord ? » m'a ensuite ordonné le chef Luo, comme si tout ce cirque – les maquilleuses, les pinceaux, le mascara, le rouge à lèvres – était parfaitement normal pour moi. « En échange, on te donnera de meilleures conditions de vie. » On a redescendu les quelques marches et nous sommes entrés dans une salle froide et vide, aux vitres teintées. Une caméra sur trépied trônait là.

En maison d'arrêt, des femmes m'avaient parlé de ces techniques policières qui consistent à filmer vos aveux. Une fois enregistrés, ils peuvent vous être rappelés à n'importe quel moment comme un moyen de chantage. Pour vous faire coopérer avec les policiers ou, au contraire, pour que vous taisiez les exactions dont vous avez été victime. Si vous parlez, cette vidéo sera diffusée en ligne et l'on vous verra, pimpante et endimanchée, raconter comment vous avez insulté le Parti puis demandé son pardon. Ainsi, personne ne vous croira quand vous clamerez votre innocence. Le Parti garde toujours une emprise sur ceux qu'il surveille.

Aveuglée par une haie de projecteurs, déboussolée, j'ai entendu crier : « C'est parti ! » Je me suis lancée, avec, en tête, le texte que m'avait fait répéter Tasqin quelques minutes plus tôt. Rien de tout cela n'est vrai. Ce sont des mensonges et j'ai honte à présent. Mais, à ce moment-là, je n'avais pas le choix. C'était trop tard. J'avais déjà confessé mes « crimes » au policier de la maison d'arrêt et, engagée ainsi dans le tourbillon infernal des aveux, j'avais trop peur des représailles que me vaudrait une marche arrière.

« Je m'appelle Gulbahar Haitiwaji. »

Son visage était plongé dans la pénombre, mais j'ai aperçu le sourire encourageant de Luo. D'un geste, il m'a invitée à poursuivre ma tirade. Je me suis exécutée.

« Je suis née à Ghulja, dans la province du Xinjiang, en Chine, le 24 décembre 1966. J'ai vécu à Ghulja jusqu'à la fin du collège, puis, en 1984, je suis partie étudier à l'université du pétrole d'Urümqi. Là-bas, on m'a offert des études, le gîte et le couvert. Mais ces privilèges ne me suffisaient pas. J'étais une insatisfaite. C'est pour ça que j'ai participé aux manifestations de décembre 1985. Je regrette mes actes et je demande pardon. En 1988, j'ai été mutée à Karamay. En 1990, nous nous sommes mariés avec Kerim Haitiwaji et nos filles sont nées en 1992 et en 1997. En 2002, en dépit de nos belles conditions de vie, mon mari est parti vivre à Paris, en France. J'ai tenté de l'en empêcher mais il ne m'a pas écoutée. Il a pris un mauvais chemin en s'engageant dans l'Association des Ouïghours de France. Ma fille, Gulhumar Haitiwaji, a suivi son père. Cette association est totalement illégale, elle appartient à Rebiya Kadeer et prône l'indépendance et le séparatisme. Rebiya Kadeer est une menteuse et une terroriste. Ne rejoignez pas son association. Si vous en faites partie, quittez-la. Kerim, Gulhumar, je vous en prie, quittez cette association et ne faites rien de mal contre la Chine. Chaque fois que je rends visite à ma famille au Xinjiang, je constate les progrès apportés par la Chine dans la province. Quoi qu'il arrive, je choisis la Chine. Je suis de son côté. J'espère que vous ferez la même chose que moi. »

Depuis, je pleure dans une cellule, seule. Je vivais avec l'espoir d'être libérée et, maintenant qu'on me promet un avenir meilleur, la culpabilité me hante. La Chine m'aura volé jusqu'à mes pensées. Dans une vidéo, Rebiya

Kadeer avait dit un jour que la Chine force les Ouïghours qu'elle emprisonne à la critiquer dans de courtes vidéos, et que jamais les Ouïghours de l'étranger ne doivent croire les mots de ceux qui, sous la contrainte et la violence, collaborent avec la police chinoise. Mais, enfin, même si tout cela n'est qu'un tissu de mensonges, qui pourra me regarder dans les yeux quand je dirai à ceux que j'aime qu'on ne m'a pas laissé le choix ? Kerim, Gulhumar… Me pardonneront-ils de les avoir dénoncés ? J'ai l'impression de les avoir trahis, d'avoir déshonorée Rebiya Kadeer, et rien ni personne ne pourra y changer quelque chose. Vaut-il mieux mourir la tête haute, libre en détention, ou vivre à genoux, la tête dans la poussière de ses mensonges, humiliée sous le regard déçu des autres qui toisent votre faiblesse ?

12 mars 2019.

J'ai fait exprès de ne pas répondre. À peine lui ai-je jeté un regard lorsque Tasqin m'a dit : « Tu es libre. » Il a insisté : « Tu entends, tu devrais être heureuse, tu vas sortir d'ici. » Couchée sur ma paillasse, je lui tournais le dos. Les yeux grands ouverts, je fixais le mur cloqué de traces d'humidité. Qu'est-ce qu'il espérait ? Que je le remercie ?

Combien de fois m'étais-je représenté ce moment lorsque j'étais dans le noir, sans espoir ? J'avais pensé à la joie intense qui me parcourrait à cet instant, et voilà qu'au moment où l'on m'annonçait que j'allais enfin regagner le monde des vivants je me trouvais vide, éteinte, dépourvue de la moindre émotion humaine. Dans mon esprit, plus aucun rayon de lumière ne filtrait. La masse opaque des leçons, des interrogatoires, des mauvais traitements, s'entrechoquaient. Ils formaient un tas informe de souvenirs douloureux dont je ne parvenais pas à faire abstraction. Cet homme m'avait brisé le corps, l'âme et, alors que l'idée de revoir ceux que j'avais trompés par faiblesse me terrifiait, lui, cet arrogant, lui qui était l'une des centaines de personnes responsables de mes maux, lui avait le culot de m'annoncer que j'étais libre ! C'est un étrange mélange d'orgueil, de lassitude et de peur qui m'a saisie à cet instant. J'étais libre. Enfin, c'est ce que je croyais.

Chapitre 19

Karamay, 15 mars 2019.

Se réveiller avec l'odeur du pain chaud qui caresse vos narines. Se relever sur un matelas moelleux et repousser les draps blancs où vous étiez enveloppée. Poser vos pieds, la tête encore lourde de sommeil, sur un tapis rutilant tout en jetant un œil autour de vous : la fenêtre et sa lumière rassurante, vivante, qui passe dans les interstices du volet électrique ; la table, garnie d'une corbeille de fruits, d'une carafe d'eau et de verres propres, de jus et d'une théière qu'une main experte remplira de feuilles de menthe fraîche et d'eau bouillante dans quelques heures ; les murs blancs où l'on trouve une décoration simple, des glaces ouvragées et quelques cadres.

Chaque matin, c'est mon rituel. Je parcours du regard la chambre impeccable et silencieuse, dont je ne sors que pour aller aux toilettes ou prendre une douche. La première fois que je me suis réveillée ici, j'ai cru à un rêve. Puis, j'ai vite compris que c'était un énième cauchemar. Je ne suis pas libre. Je vis dans une prison dorée, le bâtiment attenant à la maison d'arrêt où j'ai été détenue en 2017, là où habitent les policiers.

Jour et nuit, à tour de rôle, un groupe de onze policiers me surveille. Huit femmes et trois hommes. Alors que la maison baigne dans la torpeur silencieuse de l'aube, mes geôlières sont encore vautrées dans le canapé et les fauteuils disposés dans le salon attenant à mon grand lit. C'est étrange de les voir ainsi, avachies dans ces positions désarticulées que seuls vous donnent le sommeil ou la mort. L'écran plat de la télévision dort encore, lui aussi. Je l'allumerai plus tard. Je passe beaucoup de temps devant la télévision. Non pas que j'aime la regarder, mais me noyer dans des émissions culinaires ou des TV-shows aux jingles entêtants m'aide à oublier. En détention, rien n'était plus terrible que le bruit du silence. Ce silence humide, poisseux, où l'on entend la prison craquer et les courants d'air caresser les murs froids. Ici, tout est chaud, rond, moelleux et, si un frisson me parcourt, je monte le son de la télévision.

Avaler les programmes télé m'évite aussi de réfléchir. Je ne sais toujours pas pourquoi je suis ici. Si je vais être libérée ou si, au contraire, ils comptent me garder sous surveillance pendant des années. Qui sait, ils en seraient capables. En tout cas, personne n'a jugé bon de me le dire et je n'ai pas posé la question de peur que l'on me renvoie dans une cellule. Mais l'atmosphère douillette me réconforte autant qu'elle m'inquiète. Quel prisonnier ouïghour a déjà entendu une policière dire : « Ta mission, c'est juste de manger, de te reposer et de regarder la télévision. Tu ne dois penser à rien d'autre » ? La sollicitude qu'ils emploient, avec force plats cuisinés, vêtements neufs et produits d'hygiène, me préoccupe d'autant plus que je perçois dans leurs yeux non pas une compassion sincère, mais le souci d'appliquer des ordres qui viennent de leurs supérieurs. Les premiers jours, je picorais à peine les plats ouïghours fumants qu'ils m'apportaient. Je lorgnais les pommes sans y toucher, comme si elles avaient été empoisonnées. Eux insistaient pour que je mange plus que de raison. Reprendre les kilos perdus en détention leur semblait une première étape cruciale à mon rétablissement. « Mange, allez, prends une pomme », m'a dit l'une des policières le troisième jour. Nous avons fini par la partager.

Les policières ne veillent pas sur moi, elles me surveillent. Quand je passe un instant à la fenêtre ouverte pour observer le jardin tropical qui borde la maison, elles s'approchent de moi avec inquiétude. Lorsqu'il m'arrive de profiter de la salle de bains quelques minutes de trop, elles tambourinent à la porte : « Gulbahar, tu es bien là ? Tout va bien ? » Elles ont peur que je me suicide.

Mais je n'ai aucune envie de mourir. Cette idée m'a quittée depuis que les policiers m'ont annoncé qu'on allait m'autoriser à appeler ma famille. Kerim, Gulhumar, Gulnigar… Très vite, comme toujours, j'ai compris qu'on ne me laisserait pas les appeler seule. Une fois de plus, il me faudrait mentir. Recracher la propagande du Parti communiste chinois qui, par les moyens les plus tordus, tente de dissimuler le sort qu'il réserve aux Ouïghours du pays. Les policiers ont commencé à me faire répéter mon texte. Je ne me souviens que des grandes lignes : « Je vais bien, ne vous en faites pas, j'ai loué un appartement dans Karamay. Je suis seule, ne vous inquiétez pas. »

Le jour J a été fixé : le 18 mars, en début d'après-midi. À cette heure-là, Kerim sera sûrement à l'appartement et Gulhumar au travail. Les policiers cherchent-ils à les piéger ?

Comment réagiront Kerim et Gulhumar lorsqu'ils entendront ma voix ? Comprendront-ils qu'on me force à déblatérer un tissu de mensonges ? Que le silence assourdissant qui m'entourera lors de l'appel signifie que je ne suis pas seule mais que je les appelle en haut-parleur, entourée de policiers qui griffonnent leurs réponses sur un carnet ?

Les rayons de lumière inondent la pièce à présent. La maison ne va pas tarder à s'éveiller. Dehors, j'entends le pépiement des oiseaux et le ronronnement des moteurs de voitures dans la rue voisine. L'une des policières marmonne quelque chose. Je l'observe se pelotonner dans sa couverture, et se rendormir dans le chuchotement des respirations. Les femmes assoupies ici n'ont pas les traits charcutés dont la détention marque votre visage. Sous leurs uniformes proprets, elles affichent les rondeurs de la santé. Sept d'entre elles sont hans, la dernière est ouïghoure.

Parmi elles, il y a Wang Qian. Je l'ai connue à la maison d'arrêt[1]. Elle s'y était illustrée par son sadisme. Souvent, elle venait se plaindre en cellule de maux de ventre dus aux repas « trop riches » qu'on leur servait dans l'autre partie du commissariat. « J'ai mangé trop de brochettes de viande je crois », riait-elle en nous regardant, les fesses à même le sol, nos ventres gargouillant de n'être remplis que d'une soupe claire comme de l'eau. Le hasard de la vie veut qu'elle soit à nouveau l'une de mes geôlières. Mais cette fois, c'est elle qui dort à même le sol.

Je n'en veux pas plus à cette femme. Même si elle m'a fait souffrir autrefois, je lui offrirais mon lit de bon cœur. Je n'ai de haine ni pour Wang Qian ni pour ses congénères car

1. La deuxième maison d'arrêt, où Gulbahar est détenue en 2019.

quand je regarde les visages des plus jeunes, piquetés d'acné, et ceux des plus âgées où l'on décèle les fines striures des rides, j'y lis des vies normales. Des vies de femmes normales. Des vies où l'on devine des maris, des enfants, peut-être des fiancés. Ce sont des femmes comme moi.

La policière ouïghoure se prénomme Yultuz et, depuis que je sais qu'elle a vingt-sept ans (le même âge que Gulhumar), je me suis prise d'affection pour elle. Il nous arrive de faire quelques pas ensemble, dans le jardin. Lors de ces balades, elle me raconte des bribes de sa vie, des anecdotes sans importance qui me font du bien et qu'elle accompagne toujours de son rire cristallin. Yultuz a un fiancé. Je lui raconte la vie de mes filles. Leur enfance ici, puis leurs études en France. Gulhumar dans une école de marketing, Gulnigar dans une école de commerce. Yultuz me regarde avec des étoiles dans les yeux. Yultuz pourrait être Gulhumar. Yultuz pourrait être ma fille. Seulement, elle n'a pas été jetée du même côté de la barrière. C'est une policière, et moi, une « terroriste ». Pourtant, nous appartenons à un seul et même peuple : lors de nos balades, nous chuchotons en ouïghour et, quand nous croisons le regard désapprobateur des policières hans, nous passons très vite au mandarin. Elle célèbre l'Aïd avec les siens et peut-être qu'il n'y a pas si longtemps elle priait sans redouter d'être enfermée, déportée, rééduquée. Yultuz a-t-elle choisi de s'engager dans la police pour ne plus craindre de vivre dans son propre pays ? A-t-elle conscience qu'elle est l'un des milliers de petits soldats du régime chargés d'éradiquer sa propre religion, sa langue, ses traditions ? Yultuz a-t-elle compris que la Chine veut faire disparaître les Ouïghours ?

Chapitre 20

2 avril 2019.

Je n'ai pas pu lui poser la question. Yultuz a disparu. On l'a remplacée par une autre policière, une Han. Notre amitié s'est attiré les foudres des fonctionnaires qui observaient nos balades au jardin. Je lui avais dit qu'il ne fallait plus qu'on se parle en ouïghour, mais nous avons manqué de vigilance. L'un des policiers en a averti ses supérieurs, puis Yultuz a été assignée à un autre commissariat. Personne ne me l'a dit, mais je le sais. Rares sont ceux qui se volatilisent sans raison. C'est ce qu'on essaie de nous faire croire, mais, quand quelqu'un disparaît, c'est qu'il a des ennuis avec la police. Même les policiers comme Yultuz peuvent être inquiétés. Elle avait pour ordre de me surveiller et sa gentillesse envers moi lui a valu de faillir à sa mission. C'est de ma faute. J'espère qu'ils ne l'ont pas envoyée en rééducation.

Pourtant, depuis quelques jours, je vis en équilibre sur le fil d'un bonheur qui menace de rompre à tout moment. Le soleil se lève et se couche sans que j'y prête attention. Je regarde les policiers me parler, mais je n'entends rien.

Mon corps se trouve là, en face d'eux, mais mon esprit est déjà loin. Si loin. Il n'y a plus que le téléphone qui compte. Sa petite sonnerie. Ses quelques notes qui s'élèvent dans la chambre, le même numéro inconnu qui s'affiche sur l'écran. Et mon cœur qui bat.

Tout a commencé le 18 mars. Ce jour-là, la lumière chaude qui tombait sur les bosquets trop entretenus du jardin avait une lueur particulière. Je ne me baladais pas dans les allées de terre battue avec la lenteur des jours sans fin, des jours où il ne se passe rien. Non, ce jour-là, je trépignais. Le 18 mars, j'enrageais. J'avais envie de crier, de pleurer, ou de fermer les yeux pour me rappeler leurs mots. « Gulbahar ? C'est toi ? », « Maman ? » Ce jour-là, j'ai perdu la tête. J'ai entendu les voix de Kerim et de Gulhumar au téléphone.

Le jour J est arrivé sans que j'aie le temps de m'y préparer. Mais, me direz-vous, comment prépare-t-on des retrouvailles téléphoniques avec les êtres que vous aimez le plus au monde, qu'on vous a empêché de contacter depuis trois ans et dont vous ne savez plus s'ils espèrent encore votre retour ? Que dit-on dans ces moments-là ? Des choses banales, sans aucun doute, car elles vous donnent l'impression que tout était comme avant, que ce coup de fil n'est rien d'autre qu'une poignée de nouvelles échangées au milieu d'une existence normale. Que chacun va retourner à son travail, à sa cuisine, et qu'on lancera, pour clore l'appel : « Eh bien, bonne journée, à ce soir ! », « Oui, à ce soir ! » Les mots simples ont ceci de bon qu'ils permettent aussi de canaliser vos émotions. La joie, l'excitation, ainsi que d'autres sentiments plus irrationnels, des stigmates de la détention : la culpabilité d'avoir disparu de la vie de mes filles et de mon mari pendant presque trois ans, la peur qu'ils m'en veuillent ou celle qu'ils ne se soient pas battus auprès des autorités quand je croupissais au fond d'une cellule.

Oui, les mots simples étaient les bons, voilà ce que je me disais ce matin quand, tandis qu'une chaleur tiède remplaçait déjà la fraîcheur de l'aube, les policiers s'appliquaient avec un soin religieux à préparer la table, les chaises, le téléphone portable, les carnets de notes… bref, tout le matériel nécessaire à cet appel dont je ne comprenais pas ce qu'ils comptaient en tirer. Des informations, sûrement, mais lesquelles ? Il était convenu que les deux appels se dérouleraient dans ma chambre. Les policiers avaient noté leurs questions sur des carnets. Ils me les feraient répéter au moment voulu de la conversation, selon la tournure que prendrait chacune d'elles. Un interprète franco-chinois, un jeune homme qui avait travaillé huit ans dans une entreprise à Marseille, serait à mes côtés. Il veillerait à ce que je ne fasse passer ni message personnel, ni information secrète. Je m'en fichais des informations secrètes. La tension montait dans la chambre, et moi je ne pensais qu'à leurs voix.

Au moment où il a décroché, Kerim s'affairait dans l'entrée. J'entendais du bruit derrière, des petits objets que l'on déplace sur une table basse. Il devait chercher ses clés. Probablement qu'il s'apprêtait à descendre au parking pour sortir sa voiture et commencer sa journée de travail. Il s'est arrêté net quand il a entendu ma voix. Ce grand gaillard indestructible tremblait comme une feuille, je l'ai senti dans le combiné. « Gulbahar, où es-tu ? On te cherche partout. On fait tout pour que tu sois libérée », s'est-il étranglé. Mon cœur battait si fort dans ma poitrine que je ne pouvais plus dire un mot. Autour de moi, les policiers noircissaient leurs carnets des phrases de Kerim. On ne s'est pas dit grand-chose, juste l'essentiel : j'étais bien vivante, en bonne santé. Kerim est rompu aux techniques d'interrogatoires des policiers du Xinjiang. Il me savait entourée d'une demi-douzaine de sbires du Parti. Mes silences répondaient à ses questions. Il n'a pas insisté. Gulhumar n'était pas très bavarde non plus. Les policiers me l'ont fait remarquer, l'œil soupçonneux, après que j'ai raccroché. Derrière elle, j'entendais le sifflement haché d'une machine lancée à pleine vitesse. Gulhumar était à bord d'un train. Elle ne semblait pas vouloir me cacher son voyage. « Je vais à un salon horloger. Pour le travail, oui. C'est en Suisse », m'a-t-elle simplement répondu après que l'un des policiers m'eut fait répéter, en pointant du doigt sur son carnet, les mots : « Où es-tu en ce moment ? Tu es seule ? »

Kerim vivait encore dans notre appartement de Boulogne. Gulhumar voyageait pour son travail. Gulnigar allait bien aussi, me disaient-ils. Je m'étais absentée pendant deux ans de leurs existences et je les retrouvais occupés à vivre libres et heureux. Quand j'ai raccroché, une idée sombre est alors venue chasser le bref instant d'euphorie fébrile dans lequel je planais, en apesanteur au-dessus de la chambre, des policiers, des carnets de notes : si un jour je sors d'ici, que je retrouve la vie paisible de Boulogne, il faudra que je leur raconte ce que j'ai vécu ici, au Xinjiang. Tout cela est bien trop horrible à entendre, bien trop dur à raconter. Pourtant, il faudra le faire.

Comment entreprendre pareil récit ? Comment leur dire que j'ai vécu à la merci de policiers violents, des Ouïghours comme moi qui, par le statut que leur donnait l'uniforme, pouvaient disposer de nos êtres – nos corps, nos âmes – comme bon leur semblait ? Des hommes et des femmes dont on avait lavé le cerveau, des robots dépourvus d'humanité appliquant les ordres avec le zèle de petits fonctionnaires aliénés par la hiérarchie d'un système tentaculaire dans lequel celui qui ne dénonce pas sera dénoncé ; celui qui ne punit pas sera puni. Convaincus que nous étions les ennemis à abattre, des traîtres, des terroristes, ils nous ont réduits à la misère de la détention. Comme des bêtes, ils nous ont parqués dans des lieux hors du monde, hors du temps : des camps. Là, ces hommes et femmes nous ont lavé le cerveau. Ils y propageaient de mauvaises idées, des idées fausses. Ils voulaient nous « rééduquer ». On nous a appris à marcher au rythme de l'hymne national dans des salles de classe sans fenêtres où les femmes qui tombaient, harassées par le manque d'oxygène, étaient emmenées par les gardes dans des entrailles plus profondes encore.

La vie et la mort n'avaient pas le même sens dans les camps. Cent fois j'ai cru, lorsque le pas des gardes nous réveillait la nuit, qu'ils venaient me fusiller. Lorsqu'une main passait violemment une tondeuse sur mon crâne, et que d'autres mains arrachaient les touffes de cheveux qui tombaient sur mes épaules, j'ai fermé mes yeux brouillés par les larmes, pensant que mon heure était venue. On me préparait à l'échafaud, à la chaise électrique, à la noyade. La mort rôdait partout, à l'affût. Quand des infirmières nous attrapaient le bras de leurs mains glacées pour nous « vacciner », j'ai aussi cru qu'elles tentaient de nous empoisonner. En réalité, on nous stérilisait[1]. C'est là que j'ai

1. La stérilisation des femmes que devine Gulbahar dans les camps à cette époque se voit confirmée en juin 2020 par la publication d'un nouveau rapport du chercheur Adrian Zenz, *Sterilizations, IUDs and mandatory birth control : the CCP's campaign to suppress Uyghur*

compris la méthode des camps, le degré de sophistication du système mis en place, non pour vous tuer froidement, mais pour vous faire disparaître lentement. Si lentement que personne ne s'en rendra compte.

On nous a demandé de renier ce que nous étions. De cracher sur nos traditions. De critiquer notre langue. D'insulter notre peuple. Celles comme moi qui sortent des camps ne savent plus qui elles sont. Ce sont des ombres, des âmes mortes. On m'a fait croire que nous, les Haitiwaji, étions des terroristes. J'étais si loin, si seule, si épuisée, que j'ai presque fini par y croire. Kerim, Gulhumar, Gulnigar, j'ai dénoncé vos « crimes ». J'ai demandé pardon au Parti communiste pour des actes que ni vous ni moi n'avons commis. Je regrette tout ce que j'ai dit. J'ai cru mourir des centaines de fois. Aujourd'hui, je suis en vie et je veux crier la vérité. Je ne sais pas si vous me reconnaîtrez, je ne sais pas si vous me pardonnerez. Oui, comment leur dire tout ça ?

Mes pensées s'égarent. Demain j'y verrai plus clair. Peut-être que je ne m'en souviendrai même plus. Parfois, je ne sais plus comment ni quand tout cela a commencé. La mémoire me fait défaut, le courage aussi. Demain, une lassitude extrême m'envahira. J'oscille entre des humeurs contradictoires, des émotions confuses qui me quittent

birthrates in Xinjiang, témoignant du virage génocidaire que prend la province. En 2018, les autorités ont initié une vaste campagne de stérilisation au Xinjiang : cette année-là, 80 % des stérilets posés en Chine le sont au Xinjiang alors que la région ne représente que 1,8 % de la population. En 2019, un canton planifie la stérilisation de 34 % des femmes en âge de procréer. Plusieurs préfectures programment des tests de grossesse obligatoires tous les quinze jours. Une autre envoie les femmes qui refusent de se soustraire aux avortements dans des camps de rééducation.

quelques minutes après leur arrivée. Mon esprit n'est plus qu'une éponge grise dont le corps épuisé d'avoir été pressé tant de fois ne retient plus l'eau des pensées. Le matin, je me réveille en nage, le corps parcouru de soubresauts, la tête peuplée de cauchemars où déambulent encore un instant des ombres chétives en uniforme, de petits hommes qui hurlent en mandarin, des femmes ouïghoures implorant qu'on leur pardonne. Satanés camps. Kerim, Gulhumar, Gulnigar, me croirez-vous ? Un jour, si j'ai le courage de livrer ce sombre récit, me croirez-vous ? Peut-être qu'autour de moi on se regardera avec un petit air entendu. On dira que, lors d'un séjour au Xinjiang, les interrogatoires de police m'ont laissée pour folle.

J'ai perdu la tête dans les camps, c'est vrai. Mais tout cela est bien réel. Rien de ce que j'ai vécu n'est la manifestation d'un fantasme morbide de prisonnière qui exagère sa condition. J'ai été emportée, comme des milliers d'autres, dans le tourbillon fou de la Chine. La Chine qui déporte. La Chine qui torture. La Chine qui tue ses citoyens ouïghours. Un jour, quand j'en aurai le courage, je le raconterai. Pour que Kerim, Gulhumar et Gulnigar sachent. Pour que le monde sache.

6 avril 2019.

Impossible de sauter un repas. S'ils me voient pinailler devant mon assiette, ils s'agglutinent autour de moi et m'encouragent à manger, comme on le ferait envers un enfant qui refuse de terminer son assiette. « Allez Gulbahar, ressers-toi. » Les mets parfumés que l'on m'apporte, le sommeil réparateur des nuits lovée dans un lit douillet, les étirements de yoga sur la moquette épaisse de la chambre ont raison de ma méfiance. Petit à petit, je baisse ma garde. Je me gave sans limite de ce repos que l'on m'offre. D'autant qu'ici tout est affaire de négociations. Rien n'est gratuit. Si je ne mange pas, on refusera que j'appelle Kerim et Gulhumar (on m'autorise à les appeler une fois par jour, parfois une fois tous les deux jours). Alors je mange. Je m'étire. Je dors. Même si les visages de mes congénères laissées dans les camps et ceux de mes bourreaux reviennent me hanter. Même si je continue de sursauter au moindre crissement de pas sur le lino, au moindre claquement de porte. Pourtant, la tranquillité où mes sens s'endorment peut m'être confisquée à tout moment. On me laisse croire que bientôt je serai libre, mais cette perspective dépend entièrement de ma coopération avec les policiers, dont je commence à comprendre les ambitions. Si je m'y oppose, on me renverra dans un camp. Les policiers m'ont prévenue.

Ce sont les appels qui m'ont mis la puce à l'oreille. Depuis quelques semaines, la fréquence avec laquelle on m'autorisait à joindre Kerim et Gulhumar m'étonnait. Je les appelais chacun quelques minutes, tous les jours, pour « prendre des nouvelles », comme disent les policiers. Pourquoi moi, condamnée à sept ans de rééducation, prisonnière depuis plus de deux ans, avais-je soudain le privilège de discuter avec les miens, considérés comme des traîtres exilés en France ? Pour quel motif vivais-je ainsi, dans une résidence réservée aux policiers, sinon pour être utilisée comme un outil de négociation ?

Les activités de Kerim et Gulhumar intéressaient les services de renseignement du Xinjiang. Pendant les mois que j'avais passés en maison d'arrêt, dans un premier camp, dans un second puis à nouveau dans une maison d'arrêt, ils s'étaient démenés sans relâche pour comprendre où j'avais disparu. Au téléphone, ils m'avaient tout raconté : la peur que je croupisse dans une geôle, celle que j'ai été envoyée dans un camp de rééducation ou qu'on ait jeté mon corps dans une fosse commune avec d'autres Ouïghours. Comment, des mois durant, ils ont contacté toutes les personnes que nous connaissions au Xinjiang : la famille, les amis, les connaissances ; et puis comment, d'échec en échec, de faux espoirs en déceptions, un dossier à mon nom s'est retrouvé entre les mains du Quai d'Orsay.

Je réalisais que le secret de ma disparition n'en était plus un en France. Gulhumar parlait de moi à des journalistes, elle demandait à la Chine ma libération. À visage découvert, elle condamnait sur des plateaux de télévision les camps de rééducation. Kerim partageait des articles sur sa page Facebook. Une pétition en ligne circulait.

Dans la chambre, le type en face de moi griffonnait quelque chose, il me tendait son carnet, je répétais la question. Kerim ou Gulhumar y répondait. Je rendais le carnet. Le type recommençait. Autour de nous, les policiers gratte-papier retranscrivaient les échanges, les dates, le nom des médias qu'évoquaient Kerim et Gulhumar. Penché sur un ordinateur, un autre policier vérifiait les informations, les profils Facebook.

Ma chambre devenait une cellule d'enquête du renseignement chinois dirigée contre ma propre famille, et moi j'y participais, le cœur noué, sans pouvoir hurler la vérité dans le combiné. Entre ma famille et les policiers, je devenais une monnaie d'échange, la cheville ouvrière d'une guerre de position. J'acquiesçais quand le policier m'en donnait le signal. Je répondais par une énième question quand il me tendait son foutu carnet. Les autres continuaient d'écrire. « Tu es sûre que tu es seule, maman ? » me demandait souvent Gulhumar. Et je répondais, le cœur lourd : « Oui, je suis seule. » Le mensonge laisse dans votre bouche un goût terrible.

Les policiers soupçonnaient Gulhumar de vouloir participer à un certain « Congrès[1] », une réunion où des experts évoqueraient la question des droits de l'homme au Xinjiang et où, bien entendu, elle prévoyait de raconter mon histoire. Je ne comprenais pas bien la portée de cette réunion, ni les répercussions qu'elle pourrait avoir sur les « écoles » du Xinjiang, mais celle-ci agaçait au plus haut point les policiers. Ils cherchaient à la saboter et mon rôle, une fois de plus, consistait à les aider.

C'était le 20 mars, le jour de Norouz. Mon appel est tombé au milieu d'une matinée qu'elle passait avec une poignée d'amis chez Ikea. Elle a décroché tout de suite. Derrière elle, j'entendais la voix synthétique d'une hôtesse dans les haut-parleurs, des pleurs d'enfants, les caddies qui roulent. Un samedi chez Ikea. Il était tôt en France, probablement que Gulhumar, son mari et leurs amis comptaient déjeuner ensemble ensuite pour célébrer ce qui, pour nous les Ouïghours, est le premier jour du calendrier annuel. Le policier m'a tendu le carnet et je me suis lancée :

« Où es-tu ? En France ? Tu n'iras nulle part.

— Oui, ne t'inquiète pas, nous ne fêtons pas Norouz

1. La session du Conseil des droits de l'homme de l'ONU s'est tenue du 25 février au 22 mars 2019.

avec la communauté cette année. Je n'irai pas. Nous restons à la maison.

— Je ne te parle pas de Norouz, Gulhumar, mais d'une réunion à l'étranger. »

Silence dans le combiné. Gulhumar s'est éloignée du petit groupe, car soudain sa voix s'est faite plus distincte. « Je devais aller à Genève, pour le Congrès annuel du Conseil des droits de l'homme. Ils m'ont invitée. Mais ne t'inquiète pas, j'ai refusé l'invitation dès ton premier appel[1]. Je suis étonnée que les renseignements chinois ne soient pas déjà au courant. »

Autour de moi, les types se jetaient des regards furieux. Ils bouillonnaient. La tension grimpait dans la chambre. Gulhumar se moquait d'eux. Un autre policier m'a tendu son carnet. J'ai répété les mots inscrits dessus d'une voix blanche : « Gulhumar, c'est très sérieux. Si tu as fait des choses illégales, arrête. Si tu n'as pas commencé, ne commence pas. Sois intelligente. Retire toutes les publications sur mon histoire de ton profil Facebook. N'interviens plus dans les médias pour parler des Ouïghours et critiquer le gouvernement chinois. C'est très grave. Si vous voulez me revoir, il faut tout supprimer. »

Comment ne pas devenir folle ? Utilisée ainsi comme un vulgaire appât, je fais chanter ma propre famille. Je les menace. En France, Gulhumar et Kerim s'activent pour

1. En mars 2019, Gulhumar, la fille de Gulbahar, est invitée à témoigner devant des experts lors du Congrès annuel du Conseil des droits de l'homme. Elle s'apprête à raconter comment sa mère a été prise en otage du Xinjiang et jetée dans un camp de rééducation. Son témoignage est très attendu. Elle compte y apporter des chiffres et des images dont personne, à Genève, ne pourra douter. Mais, après le premier appel de sa mère, le 18 mars, elle juge plus prudent de décliner l'invitation du Conseil.

ma libération en usant de tous les supports possibles. Mais, tant qu'ils continuent de parler, je ne pourrai pas être libérée. Il faut donc que Gulhumar et Kerim se taisent et que mon cas disparaisse des radars de la presse et des autorités françaises pour qu'on me laisse regagner la France en toute discrétion. La logique, une fois de plus, souligne l'extrême perversité de la diplomatie chinoise. Les autorités du Xinjiang s'apprêtent à sacrifier mon séjour en camp pour préserver de la critique internationale leur grand projet de rééducation. Malin. Et bien sûr, ils en profitent pour faire disparaître dans le même temps toutes les preuves de ma détention au Xinjiang. Ils ont déjà nettoyé derrière mon passage avec la vidéo de mes aveux puisqu'ils pourront l'utiliser contre moi si l'envie me prend, une fois libérée, de témoigner. Maintenant, ils nettoient derrière Kerim et Gulhumar en les incitant à retirer tous les éléments – les articles, la pétition, les témoignages – qui attestent d'une part de l'existence des camps du Xinjiang, d'autre part de ma détention dans l'un d'eux.

Juste après l'appel, Kerim et Gulhumar ont commencé à supprimer les publications. Les policiers avaient dressé la liste des articles à effacer et, à chaque appel suivant, nous faisions un point sur ce « grand nettoyage ». La stratégie des policiers chinois fonctionnait : mon histoire, qui avait inondé les discussions des diasporas ouïghoures sur les réseaux sociaux, se désintégrait. Et c'était moi, prise au piège ici, qui m'en assurais lors de nos échanges téléphoniques. Oui, c'était très malin.

Un matin, alors qu'un policier venait me prévenir que mon appel quotidien allait se tenir dans quelques minutes, j'ai explosé. J'ai hurlé, des larmes plein les yeux, que c'était trop. Cette fois, je ne jouerais plus à ce jeu tordu.

Et puis je m'en fichais, ils n'avaient qu'à me renvoyer dans un camp, après tout, ça m'était bien égal. Je ne voulais plus mentir à Kerim et Gulhumar. « Je ne veux plus me mentir ! » Je criais sans pouvoir m'arrêter, tout mon corps révolté tremblait, la gorge me brûlait. « Je n'appellerai plus ma famille ! » Le policier est devenu comme fou. Lui hurlait aussi en mandarin. Alertés par nos cris, d'autres policiers ont jailli dans l'entrebâillure de la chambre. Il a pointé un doigt accusateur vers moi : « Alors on a fait tout ça pour rien ? Ne nous fais pas regretter ! Qu'est-ce que je vais dire à mon responsable si tu n'appelles pas ? » Moi, je pleurais, je pleurais toutes ces larmes que je n'avais pas versées avant. Mais j'ai tenu bon. Ce jour-là, les policiers ne sont pas revenus dans ma chambre avec le téléphone. J'ai allumé la télévision, les yeux rougis, et je me suis enfoncée dans le canapé en ruminant la perspective d'un retour en camp – auquel je ne survivrais pas, c'était certain.

Le type est revenu le soir. Il m'a demandé pardon, invoquant pêle-mêle les pressions qu'il recevait de ses supérieurs, la charge de travail au commissariat, sa femme, ses enfants. Moi, je ne savais plus quoi dire. Une fois la journée passée sur ma colère, force était de constater que la coopération s'offrait à moi comme seule et unique option. J'étais dans l'impasse. « Ne t'inquiète pas. Je te pardonne », lui ai-je répondu. Il est parti rassuré de pouvoir informer ses supérieurs que sa mission – m'utiliser pour étouffer les critiques des camps en Occident – était de nouveau sur les rails. Le lendemain, il n'est pas venu. Le surlendemain, les appels ont repris et, avec eux, les mensonges, le chantage, les menaces.

Chapitre 21

12 avril 2019.

Nous cahotons à l'arrière d'une voiture dans une artère encombrée. Je laisse divaguer mes pensées en absorbant d'un regard avide tout ce que Karamay m'offre à voir. Deux policières m'entourent sur la banquette fatiguée. C'est ma première sortie. Quel bonheur de redécouvrir la ville identique à mes souvenirs ; de constater que les restaurants et les commerces n'ont pas été délogés. Dans cette échoppe ouïghoure, on trouve tout le nécessaire pour fabriquer les *leghmen*, ces longues pâtes que l'on plonge au milieu de morceaux de mouton, d'oignons, d'aubergines, de tomates et de piments. Et dans celle-ci, d'excellents fruits et légumes. Ah, et ce marchand de brochettes ! Nous allions souvent y déjeuner avec nos amis. Avant d'être jetés sur les braises, les morceaux d'agneau sont frottés au sel, au piment et au cumin. Une fois dorés, ils dégagent une délicieuse odeur qui envahit les rues et ameute les passants. Sur les trottoirs, des couples de Hans marchent d'un pas pressé, des familles ouïghoures patientent à la sortie d'une école, d'autres discutent au pied d'immeubles trapus séparés les uns des autres par une végétation épaisse. Il y a toujours eu beaucoup d'espaces verts à Karamay. Des parcs, des jardins privés, des rangées d'arbres qui s'allongeaient chaque année, à mesure que la municipalité en plantait de nouveaux le long du canal. Sans doute est-ce pour cela que cette ville aux attributs si peu ouïghours – comme la plupart des villes du Nord – possède tout de même un certain charme.

Chez nous, au Nord, on dit que Kashgar est la ville la plus ouïghoure du Xinjiang. L'ancestrale cité-oasis du Sud, sise au pied des montagnes Tian Shan qui forment la frontière naturelle avec le Kirghizstan et le Tadjikistan, fut une étape emblématique pour les marchands qui acheminaient leurs caravanes le long de la route de la soie. Les hommes arrêtaient leurs cargaisons à l'ombre de l'esplanade de la grande mosquée. Après avoir longé pendant des jours le désert du Taklamakan, ils trouvaient sous l'immense porche ceint de ses colonnes arabisantes un repos mérité. Au Nord sous domination han, on oppose toujours le Sud, plus indépendantiste, plus traditionnel. Ainsi, de même qu'Urümqi, la capitale, rayonne de son influence chinoise sur les villes qui l'environnent, Kashgar éclabousse depuis des siècles le sud du Xinjiang de la culture ouïghoure.

Nous voilà arrêtés à un feu. Des cortèges de parents, d'enfants, de personnes âgées traversent. Au Nord, on dit aussi que les Ouïghours de Kashgar et ses environs pratiquent un islam plus fervent, plus dogmatique qu'ici. Si vous vous rendez dans cette ville, où les Ouïghours sont majoritaires et les Hans minoritaires – le contraire de Karamay –, vous verrez que les femmes prennent soin de recouvrir leurs têtes d'un hidjab, et les hommes se laissent pousser la barbe. En tout cas, c'était encore le cas il y a quelques années, avant que les décrets interdisant le port d'attributs islamiques ne viennent compliquer les choses.

Derrière la vitre teintée, j'aperçois des silhouettes d'hommes rasés de près, des femmes affichant des tignasses cuivrées aux accents synthétiques. Presque toutes ont le visage dénudé. Déjà à l'époque où nous vivions ici, on croisait peu d'hommes portant la barbe longue et quasiment pas de femmes avec le hidjab. Tout au plus un foulard de soie bariolé, comme ceux que ma mère avait l'habitude de nouer sous son menton quand elle quittait la maison. Mes sœurs et moi-même n'avons jamais porté de voile, mes filles non plus.

Mais qu'on ne s'y méprenne pas : je ne dis pas que toutes les femmes du Sud sont voilées, et que toutes celles du Nord ont le visage découvert. Disons plutôt que je vois dans ces tendances des spécificités culturelles et religieuses propres à notre ethnie et que, sans doute, ces tendances prennent leur source dans la manière dont nous, les Ouïghours, nous sommes enracinés à différents endroits du Xinjiang ; dans la façon dont nos coutumes et nos traditions ont été plus ou moins subtilement affinées, absorbées, ou influencées, par l'arrivée massive des Hans après le communisme. Il y a un mot pour cela. On appelle ça la « sinisation ». Quoi qu'il en soit, on dit des Ouïghours du Nord qu'ils pratiquent un islam plus édulcoré et de ceux du Sud qu'ils représentent la frange traditionnelle de notre ethnie.

Nous, à Karamay, n'avons pas senti les influences de la Chine s'abattre. Karamay est une ville née du pétrole et, à ce titre, elle a toujours été chinoise. Elle a été construite par les Chinois aux abords des raffineries pour y puiser l'or noir qui nous a permis à nous, les familles d'ouvriers et d'ingénieurs, de vivre et de nous enraciner ici. Ouïghours comme Hans. Aussi avons-nous toujours vécu sous pavillon chinois, sans que cela nous empêche, bien longtemps, d'être des Ouïghours. Nous n'avons pas connu la sinisation en règle des villes du Sud, comme Kashgar qui a vu les joyaux de son architecture islamique broyés sous les coups de pelleteuses chinoises. Nous n'avons pas été assimilés avec la violence d'un plan d'urbanisme[1] qui a rogné, il y a quelques années, les merveilles de la cité ancestrale : le grand bazar, les ruelles tortueuses recouvertes de larges pièces de tôle et les maisons aux murs de terre de la vieille ville.

Nous roulons maintenant à bonne allure, les immeubles de Karamay défilent derrière la vitre. Ils ressemblent à ceux de toutes les villes moyennes chinoises. Ils sont cubiques, alignés, intégrés dans des répliques d'un seul et même modèle de district rectangulaire. Ils ne sont pas désagréables à regarder mais dépourvus de charme. Je le réalise à présent : dans la sinisation des villes et des campagnes, dormaient déjà les prémices de la rééducation dont nous faisons l'objet. Quand Kashgar s'est retrouvée livrée à son plan d'urbanisme, on a laissé croire aux habitants des petites maisons de terre que ces transformations étaient réalisées pour leur bien ; que détruire quelques boyaux de rues biscornus pour échafauder des appartements flambant neufs ou réduire l'esplanade attenante à

1. En 2009, prétextant une menace sismique à Kashgar après le tremblement de terre dans la province du Sichuan (le 12 mai 2008), les autorités du Xinjiang lancent un vaste programme de reconstruction de l'antique cité qui verra les joyaux de son architecture musulmane écrasés dans un vaste nuage de poussière.

une mosquée pour y bâtir un centre commercial ne constituait pas une attaque à la culture ou à la religion de leur ethnie, mais au contraire un moyen de lui donner accès à la modernité. Aujourd'hui, sur la place de la vieille mosquée de Kashgar, on trouve des écrans géants. En dessous, les habitants se rendent à la prière, surveillés par l'œil des caméras. Des familles qui vivaient depuis des générations dans leurs maisons ont été déplacées dans des logements neufs dont, leur a-t-on dit, elles tireraient un meilleur profit si elles les revendaient plus tard.

Le procédé est similaire dans les camps : on vous rééduque « pour votre bien », parce qu'un « mal » vous anime, nous répétait-on. À Karamay, à Urümqi, à Kashgar… Quels que soient les particularismes de la culture locale, la sinisation, tentaculaire et indestructible, opère toujours de la même façon. Elle serpente en silence. De petites intrusions en grandes agressions, voilà comment elle s'achemine vers la rééducation.

Le policier qui conduit peste en mandarin contre les embouteillages de la fin de journée. Nous sommes coincés dans une rue. C'est le moment où la sonnerie des écoles retentit, déversant un flot d'enfants en uniforme sur les trottoirs. Autour de nous, des habitants à vélo se faufilent dans les interstices de circulation. Probablement de retour du travail. C'est un jour de semaine. Nous revenons de l'un de ces *mall* typiquement chinois. Ce genre de bâtiments, transportés chez nous en même temps que l'exode des Hans de l'Est, est censé vous apporter la commodité de faire toutes vos courses au même endroit. C'est vrai que c'est bien pratique. Nous étions déjà allés dans ce centre commercial en 2012, Kerim, Gulnigar et moi. C'étaient les vacances d'été. Je me souviens que les climatiseurs turbinaient à plein régime dans la galerie et les magasins.

Sept ans plus tard, j'imaginais un retour au monde plus paisible : à l'intérieur du *mall*, dans la galerie principale luxueuse, érigée dans ce faux marbre dont raffolent les Chinois, les vendeuses vous hèlent pour vous attirer dans leurs boutiques. Les voix synthétiques des publicités se mêlent aux tubes chinois ou à la pop coréenne. La lumière aveuglante des néons roses, blancs, bleus tombe sur les dalles, comme dans une boîte de nuit. Mais non, nous étions simplement dans l'empire de la fringue, de l'électroménager et du produit de beauté.

Il était convenu que j'achèterai un nécessaire de vêtements. On m'avait donné suffisamment d'argent pour remplacer les sous-pulls, le pantalon et les chaussettes usées jusqu'à la corde qu'une policière m'avait fournis à mon arrivée. Je comptais aussi trouver une nouvelle paire de chaussures. Cette simple course provoquait en moi une euphorie fébrile : acheter des chaussures ! Quel bonheur, après tout ce temps passé à macérer dans ces chaussons en tissu noir de prisonnières.

Mais au fond, j'angoissais : que se passerait-il si je croisais une connaissance ? Les policiers avaient volontairement choisi de m'emmener au centre commercial sur les horaires de travail quotidien, juste avant le déjeuner. Ainsi, il y aurait peu de chance pour que je croise des amis de Karamay, ce que je redoutais plus que tout. Comment auraient-ils réagi en me reconnaissant, avec mon visage cireux, mes cheveux coupés à la garçonne et mon uniforme repoussant de prisonnière ? À la vue de l'escorte qui me suivait dans la galerie, ils auraient probablement compris que je n'étais pas libre, et alors ils m'auraient adressé un regard où l'on lit ce mélange désagréable de peur et de pitié. Peut-être que certains, par crainte de ce que la police me reprochait, n'auraient même pas osé me saluer. Ils m'auraient regardée du coin de l'œil en chuchotant : « Ce n'est pas Gulbahar ? Mais si, regarde ! Comme elle a changé… Qu'est-ce qu'il lui est arrivé ? » Désormais, je fais partie de ces pestiférés dont la police s'est emparée et l'idée d'attirer des ennuis à ceux que j'apprécie me terrifie.

Et en même temps… Je rêve de croiser Aynur. Derrière la vitre, j'observe chaque silhouette, le cœur battant. J'en évalue la taille, le casque de cheveux noirs, le profil emmitouflé. Je tente de reconnaître mon amie. Ou ma sœur Madina. J'aurais aimé tomber sur elle dans le centre commercial. Souvent, il lui arrive de venir passer quelques jours à Karamay. Peut-être qu'on se serait reconnues de loin. On serait tombées dans les bras l'une de l'autre sous le regard indulgent des policiers. Elle m'aurait donné des nouvelles de ses enfants, de son mari, restés à Urümqi. Moi, je lui aurais raconté des banalités en contournant soigneusement la réalité. Elle m'aurait regardée d'un air indulgent. L'air de ceux qui savent que vous mentez, mais qui vous disent des yeux que ce n'est pas grave, que vous avez raison de mentir parce que nous sommes au Xinjiang et qu'au Xinjiang, là où la police a tous les droits, il faut mentir pour protéger ceux que vous aimez. Ici, on ne pourra jamais vous en faire le reproche. Mais, non, je n'ai croisé personne. Tant mieux.

Nous avons déambulé une heure ou vingt minutes dans la galerie, je ne sais plus, j'avais perdu la notion du temps. Des employés de ménage passaient de vigoureux coups de serpillière sur les dalles reluisantes de la nef du *mall* tandis que nous nous engouffrions dans une, deux, trois, quatre boutiques. Au fur et à mesure, les étoffes, les parfums, les lumières et la voix douce des caissières m'ont plongée dans un état cotonneux de bien-être, si bien que j'en avais oublié que nous rentrerions quelques heures plus tard à la résidence. Le temps passait, nous avons terminé mes courses et on apercevait désormais quelques clients glisser sur les dalles. Il nous restait du temps pour déjeuner. Nous sommes allés nous asseoir à la table d'un restaurant donnant sur la galerie. Les types ont commandé une kyrielle de choses. Ces courses m'avaient mise en appétit aussi. La tête dans nos bols, nous avons gobé nos nouilles sans qu'une réelle conversation ait le temps de naître. Je les regardais affairés à se remplir l'estomac et je trouvais que rien d'aussi bizarre ne m'était arrivé depuis longtemps. J'étais là, des paquets de jolis vêtements à mes pieds, en train de partager un repas avec des policiers dans la galerie d'un centre commercial où je m'étais rendue avec insouciance sept ans plus tôt entourée de ma famille. En arrivant devant la voiture, celui qui conduisait a fumé une cigarette. Puis, nous avons pris la route du retour.

La résidence surveillée n'est plus très loin maintenant. Je reconnais les rues qui la précèdent. Une atmosphère morose est tombée sur la voiture. Cette journée est passée comme un rêve. Les policiers m'ont promis que nous pourrions retourner faire des courses. Pas tout de suite, mais dans quelque temps, m'ont-ils dit. Dans la pénombre de la banquette arrière, je regarde scintiller sur la moquette les nouvelles chaussures que j'ai passées immédiatement : une paire de bottines en cuir noir, simples, au chausson soutenu par un petit talon de bois peint, noir lui aussi. Il y a des lacets à faire et l'extrémité, arrondie et légèrement rebiquée, leur donne une allure très féminine. Gulhumar les trouverait élégantes, ces chaussures. Je lui en parlerai demain au téléphone.

Chapitre 22

6 juin 2019.

Nos appels téléphoniques, succincts mais suffisamment fréquents, me permettent de retrouver peu à peu ma place de mère auprès de mes filles, après plus de deux ans et demi d'absence. Gulhumar est enceinte. Kerim me l'a confié il y a quelque temps, très ému, et j'ai tout de suite appelé ma fille. « Je serai là à la naissance du bébé, je te le promets », ai-je glissé sous l'œil des policiers qui jamais ne s'absentent lors des appels. Jetée ainsi, comme une provocation au milieu du désordre traumatisant de ma vie, cette petite phrase avait quelque chose de merveilleux. Tout comme ce bébé qui naîtrait en septembre. C'est l'espoir de la vie qui, en dépit des drames, poursuit son cycle immuable. C'est la défaite des camps de rééducation de la Chine qui, malgré la ténacité avec laquelle ils ont voulu taire ce que je suis – une femme ouïghoure, une femme libre –, n'y sont finalement pas parvenus. C'est le bonheur de s'autoriser à croire qu'un jour, dans pas si longtemps, je reprendrai ma place auprès des miens.

Satisfaits de voir que les publications de Kerim et

Gulhumar avaient disparu des réseaux sociaux, les policiers ont décidé, pour me récompenser de ma collaboration, de m'octroyer une petite autonomie supplémentaire : j'ai été transférée dans un appartement du centre de Karamay. J'y vis avec les onze policiers qui partagent ma chambre, mes repas et mes promenades depuis le mois de mars. C'est un appartement fonctionnel dont l'atmosphère rappelle qu'il a connu une longue série de locataires plus ou moins propres, qui ont laissé derrière eux, ici une chaise abîmée, là un matelas taché ou des coussins déplumés. Je me suis empressée d'y remédier en m'attelant à un vaste ménage de ce nouveau « chez moi », le premier après tant d'années. Depuis quelques jours, je découvre donc, avec un goût particulier, la douce sensation d'habiter un endroit qui m'appartient. En somme de vivre, non dans une complète liberté (je cuisine pour onze personnes qui me surveillent) mais dans un lieu dont l'ambiance cherche à vous en donner l'imitation parfaite.

Cette année, l'Aïd[1] est tombé le 4, juste après mon transfert. Nous l'avons passé ensemble, avec les policiers. L'idée me déplaisait, car je n'ai jamais passé l'Aïd qu'avec ma famille. Mais, une fois de plus, je n'avais pas le choix. J'ai serré les dents et je me suis soumise au jeu de la police en feignant une docilité irréprochable. J'ai préparé la maison à ce moment de partage, m'activant dans toutes les pièces pour leur donner l'aspect illusoire de la fête, de la douceur et de l'amitié. Les policiers s'extasiaient de me voir remplir le frigidaire de légumes frais et de beaux morceaux de viande. Pendant une journée, l'atmosphère a été sincèrement joyeuse. C'était la première fois depuis des

1. L'Aïd el-Fitr.

années. Fatiguée mais satisfaite de voir mes hôtes rassasiés, j'en ai presque oublié l'hypocrisie de la situation.

C'est une qualité que ma famille et mes amis m'attribuent aisément : recevoir. J'aime que mon frigidaire soit rempli de produits frais choisis avec soin. J'aime prévoir les menus, m'activer en cuisine pendant des heures, pétrir la pâte des *leghmen*, la rouler sous mes doigts, l'étirer de mille et une façons puis lui donner la forme d'un long boudin. Pour que l'agneau soit tendre, qu'il se décroche de l'os sous une légère incision des baguettes, il faut le faire cuire à feu doux toute la matinée dans une grande cocotte. Les carottes, les poivrons, les pommes de terre, au contraire, doivent être plongés dans l'eau bouillante à la dernière minute. La cuisine mobilise patience et minutie, tout comme le reste des tâches qui m'occupent dans la maison. Partout, je veille à ce que règne une propreté rigoureuse. J'aère la maison chaque matin, même en plein hiver, je lave les rideaux et les draps régulièrement à 60 degrés, je repasse les chemises, les pantalons, le linge de lit. Aucun pli ne m'échappe.

En détention, avant les leçons dont on nous bourre le crâne, avant les défilés militaires grotesques, avant les nuits passées sur une paillasse de bois ou de ciment, on nous ôte notre personnalité. Au moment d'enfiler l'immonde combinaison et les chaussons noirs en tissu, chaque prisonnière devient un être semblable aux autres. Dès cet instant, on ne nous appelle plus par notre prénom mais par un numéro de matricule. Notre âme se dilue. En camp de rééducation comme en prison, la soumission supprime nos goûts, nos passions. Il nous est interdit de parler ou d'écrire les choses qui autrefois faisaient notre singularité, tout comme de nous démarquer par nos effets personnels et notre alimentation : nous dormons sur les mêmes paillasses, nous avalons la même nourriture infâme. Par ponctions successives, le système aspire ainsi nos tempéraments. Ensuite, après avoir vidé nos esprits, les professeurs y fourrent les idées noires de la propagande : nous répétons les mêmes phrases à la gloire du Parti. En nous remplissant de cette soupe, nous nous rééduquons avec la même assiduité. Alors, nous perdons notre identité. Nous nous délitons au même rythme et nous finissons par nous ressembler, physiquement et moralement : des fantômes informes, inertes, insensibles et vides. Alors, nous ne sommes plus des personnes. Nous sommes comme mortes.

Ainsi, quand a débuté le jour de l'Aïd et que je disposais sur la vaste table basse du salon les paires de baguettes, les verres pour le thé et les soucoupes creuses qui s'apprêtaient à recevoir les plats de viande en sauce, j'ai réalisé, en jetant un dernier regard sur la pièce immaculée, que cet appartement, ce nouveau chez-moi, m'avait ramenée à ma vie d'autrefois. Et que je redevenais, non sans difficulté, la Gulbahar d'avant les camps.

Chapitre 23

22 juin 2019.

Au Xinjiang, la vérité est inaudible. Ceux qui ont été dans les camps le savent. Après avoir été engloutis des mois ou des années dans les geôles ou camps de rééducation chinois, on ne peut pas raconter. Pas à ceux qui, même libres, vivent aussi sous le joug de la police. Ils prendront peur, même s'ils vous aiment. Ils craindront pour leurs vies.

Les camps planent au-dessus des conversations sans que jamais on ne les évoque. Quand ils s'invitent au détour d'une anecdote ou d'une phrase, personne ne pose de questions. On ravale sa salive. On fait mine de ne pas avoir entendu. Ainsi, ils restent une sorte de légende. Une histoire effrayante qu'on se raconte par bribes, à mi-voix. Tout le monde sait l'existence des camps. Tous connaissent des proches qui y ont été emprisonnés. Pourtant, on n'en parle pas. Et si on n'en parle pas, alors les camps n'existent pas.

De la sorte, chacun s'enfonce dans une succession de petits mensonges, d'omissions sans gravité qui nous préservent les uns et les autres. Occulter la vérité me révoltait autrefois lors des appels à Kerim et Gulhumar, mais désormais le temps m'apprenait à considérer ce désagrément comme un détail. Ce n'était qu'une goutte d'eau dans l'océan d'autres petits désagréments dont ma vie à Karamay se composait. Lorsque je les alignais bout à bout, je réalisais que, loin de s'arrêter, mon calvaire s'éternisait.

Pourtant, peu à peu, la liberté conditionnelle me ramenait à la vie. On me donnait de l'argent[1], on m'autorisait à faire quelques courses dehors, on me laissait disposer de l'appartement. L'autre jour, j'ai acheté du maquillage puis je suis entrée dans un salon de coiffure où une femme aimable munie d'une paire de ciseaux m'a redonné l'allure d'une citadine comme les autres. Ces petits riens comptaient. Incapable de me résoudre à un retour en arrière, ni dans une maison d'arrêt, ni dans une école, j'adhérais, non sans appréhension, aux stratagèmes des policiers. Tandis qu'ils m'octroyaient davantage de liberté, ils m'obligeaient à mentir effrontément à ceux que j'aime : ma famille en France, qui ne savait rien de mes réelles conditions de vie, et, depuis quelques semaines, ma famille du Xinjiang.

Voilà pourquoi, quand je parvins à obtenir la visite de ma mère et de mes sœurs Nedjma et Madina, il était convenu que nous n'évoquerions ni ce qu'il m'était arrivé, ni les connaissances communes elles aussi déportées à Ghulja, à Karamay et à Urümqi. Les policiers n'avaient même pas eu besoin de m'en faire la recommandation : elles comme moi, nous savions. Madina ne parlerait pas

1. À partir du moment où elle passe en résidence surveillée, Tasqin donne à Gulbahar l'argent de son compte sous forme de liquide qu'elle peut utiliser pour ses besoins quotidiens.

des trente-neuf jours qu'elle avait passés dans une cellule. Nedjma tairait les blessures de son fils, sorti d'une « école » le corps brisé, soutenu par des béquilles. Moi, je n'écouterai pas les voix qui chuchotent dans ma tête.

Le bonheur inespéré de se retrouver suffisait à nous combler. Malgré les mensonges qui seraient prononcés entre deux tasses de thé. Malgré les silences qui couvriraient d'un voile nos souffrances. Rien n'est normal au Xinjiang, alors à quoi bon se repaître des horreurs que nous subissons ? Oui, je finissais par m'en convaincre : ici, les mensonges ou les silences qui les enrobent valent mieux que la vérité. Nous parlerions de la pluie et du beau temps. Je m'en réjouissais infiniment.

Les policiers comptaient quitter l'appartement le temps de leur venue. Pour une raison qui m'échappe, ils ne souhaitaient pas que ma mère et mes sœurs me trouvent sous surveillance. Peut-être parce que mon dossier faisait l'objet de négociations houleuses plus haut. Peut-être parce que, à ce moment épineux de mon parcours, il ne fallait pas que mon entourage sache qu'un jour, demain ou dans six mois, j'allais pouvoir regagner la France. Peut-être aussi parce que cette surveillance n'était pas légale ; qu'elle défie le régime de rééducation auquel le juge m'a assignée. En effet, je me balade dans la rue entourée de policiers en civil alors que l'on m'a condamnée à sept ans de rééducation. Bizarre.

Quoi qu'il en soit, les accueillir seule me convenait parfaitement. Quand j'avais appelé Madina pour l'inviter, elle s'était écriée, pleine de joie : « Je savais que tu étais libre ! Des gens t'ont vue dans Karamay, ils m'ont tout de suite prévenue ! Alors tu es libre ! » À quoi bon lui dire que non, je n'étais pas libre ? Et puis, quel Ouïghour peut prétendre être vraiment libre au Xinjiang? Je partageais son enthousiasme. L'ombre des policiers pendant le séjour ne pourrait pas me l'ôter. C'étaient nos retrouvailles.

Au Xinjiang, où une surveillance draconienne orchestre la vie des gens, chaque rue possède son « comité de quartier ». Des bénévoles et des fonctionnaires accompagnent les démarches administratives des habitants depuis ces locaux, souvent installés au rez-de-chaussée d'un immeuble. Eux-mêmes sont des habitants du quartier, ce qui en fait des personnes sympathiques vers qui l'on se tourne sans méfiance pour des questions de santé, de retraite ou d'éducation. En réalité, ces agents doivent surtout rapporter les événements du quartier aux policiers. C'est l'un des nombreux mécanismes de surveillance auxquels nous sommes assignés : dans chaque rue, ils consignent nom, prénom, âge et profession de chacun des habitants de chaque appartement. Les informations sont reportées dans un fichier mis à jour selon leurs déplacements ou les visites qu'ils reçoivent. C'est pourquoi les agents viennent souvent sonner à l'improviste à votre porte pour vous proposer leurs services et vérifier, dans le même temps, que toutes les personnes avec qui vous vivez sont bien inscrites dans le fameux fichier. Car chaque habitant doit déclarer le moindre individu hébergé, c'est la règle du « trois-six-neuf » : vous avez trois heures pour annoncer la visite d'une personne à l'agence de quartier, qui dispose de six heures pour en informer le commissariat du coin, qui doit enregistrer les coordonnées de cette personne à son fichier dans un délai de neuf heures. Personne ne peut y échapper. Tout le monde se plie à la règle du « trois-six-neuf ».

La venue de ma mère et de mes sœurs n'échapperait

pas à la règle du « trois-six-neuf », nous le savions. Elle contrariait la discrétion de la rencontre si chère aux policiers. Ils avaient donc décidé de contourner la loi, en se faisant passer pour ces fameux agents de quartier. « Peuvent-ils faire ça ? » me suis-je demandé, avant de me ressaisir aussitôt : « Évidemment qu'ils le peuvent, ce sont des policiers ! Ils ont tous les droits. » De la sorte, nous n'aurions pas besoin de venir déclarer leur séjour au comité de quartier. Celui qui chapeautait désormais l'équipe de policiers, Israyil, viendrait les réceptionner avec sa voiture à l'aéroport pour leur arrivée. Revêtu d'une tenue civile, il se ferait passer pour un simple chauffeur. Même chose pour le retour. Personne ne serait au courant de ma présence dans l'appartement, ni de leur visite. D'un bref coup d'œil dans l'entrebâillure de la porte, les faux agents pourraient s'assurer que tout se déroulait comme prévu. Si ma mère, Nedjma ou Madina ouvrait la porte, aucune ne saurait que les inconnus à l'allure banale et aux sourires avenants qui s'enquéraient de son séjour étaient mes geôliers. Elles répondraient à leurs questions sans méfiance car elles les prendraient pour ce qu'ils paraissent être : deux agents de quartier à l'allure banale et aux sourires avenants. Pas des policiers. Une fois de plus, leurs manœuvres suscitaient mon effroi mais j'acceptais l'accord, trop contente de revoir ma famille.

Quant à moi, je disposais de vingt-quatre heures pour replier les matelas affaissés au fond des placards et faire disparaître les assiettes sales qui encombraient l'évier. Ma mère et mes sœurs arriveraient dans un appartement impeccable. Rien ne laisserait soupçonner qu'il est en réalité une résidence surveillée. Nous devions passer trois jours ensemble et, à mesure que les heures nous rapprochaient les unes des autres, je me laissais transporter successivement par une joie intense, une excitation fébrile et une peur bleue. Je m'activais dans la maison pour canaliser ces émotions qui resurgissaient en un flot continu, et dont les années en camp m'avaient fait perdre, ou du moins oublier, la maîtrise.

Le mensonge a fini par me rattraper. J'erre dans les pièces vides à la recherche du rire de Madina, de la silhouette étendue de ma mère qui somnole dans le canapé ou de Nedjma, affairée dans une chambre avec le chuchotement de la télévision en bruit de fond. Il n'y a plus personne. Elles sont parties et, à présent, un courant d'air glacé balaye l'appartement enveloppé par le crépuscule pourtant chaud de juin. Quand les reverrai-je ?

C'est Nedjma qui a eu l'idée la première. « Et si on restait ici pendant le séjour ? » a-t-elle lancé le matin de leur arrivée. L'appartement n'était pas des plus confortables, mais fallait-il sortir pour célébrer ce moment ? Nous étions enfin réunies et maman, courbaturée par le voyage, avait besoin de repos. Dans le frigo dormaient plusieurs plats de ma composition. On pourrait remplir la bouilloire d'eau chaude pour faire du thé. Et puis, nous avions tant de choses à nous dire. Alors, toutes nous avons accepté sans hésiter. C'était d'accord, les trois jours, nous les passerions ici, sur le canapé du salon.

Je regarde le jour baisser par la fenêtre depuis ce même canapé. Une lassitude immense m'envahit à présent. Une lassitude à la hauteur de la joie ressentie en les accueillant dans ma prison dorée. Je ne peux pas dormir. Dans mon esprit règne un vacarme infernal, un torrent de pensées se déverse dans mes entrailles crispées par la tristesse. J'entends les sanglots de ma mère. Les voix apaisantes de

Nedjma et Madina qui tentaient de la calmer. Et mes mensonges.

Elles se sont installées dans l'appartement avec la facilité qui nous vient lorsque nous nous rendons visite, disposant çà et là leurs effets personnels ; les brosses à dents sur l'étagère de la salle de bains, les savates sur le paillasson, les étoles aux couleurs chaudes sur le portemanteau de l'entrée, les robes longues dans les penderies. Le lieu leur était inconnu pourtant, la familiarité avec laquelle je les voyais l'habiter me rappelait ces vacances que nous passions autrefois ensemble. D'avance, elles connaissaient mes cachettes : le placard où je range les condiments, celui où l'on trouve la menthe et là où sont disposées les serviettes de bain propres.

Chez nous, on ne froisse jamais une personne invitée en lui demandant combien de temps elle compte rester. Peu importe qu'elle soit votre sœur, votre frère, un cousin ou un parfait inconnu. Elle est ici chez elle. Pas besoin de préciser qu'il y aura toujours assez de vivres dans les placards, de lits supplémentaires et de draps de rechange. Elle peut rester autant qu'il lui plaira car, pour son hôte, c'est un honneur de l'accueillir.

Ma mère, Nedjma et Madina se pensaient donc les bienvenues ici pour autant de temps qu'elles le souhaiteraient. Comme autrefois à Karamay, à Urümqi ou à Ghulja. Mais, à mon grand désarroi, ce n'était pas le cas. L'accord passé avec les policiers courait sur trois jours. Trois maigres jours – une vraie course contre la montre – pour rattraper le temps que les camps et la police m'avaient volé. « Elles ne doivent pas rester trop longtemps, tu le sais Gulbahar », m'avait prévenue d'un ton sentencieux Tasqin. J'avais hoché la tête en signe d'approbation, tout en m'interrogeant sur la manière dont j'allais pouvoir leur refuser l'hospitalité illimitée qui est d'usage chez nous. Petit à petit, cela m'a précipitée dans une série de mensonges dont je ne pouvais plus m'extirper, provoquant au détour de nos conversations le trouble de mes sœurs et la tristesse de ma mère.

Des discussions animées nous occupaient toute la journée. Madina s'en donnait à cœur joie pour nous faire rire. Nedjma nous montrait sur son téléphone les images d'une cousine qui était passée dans une émission de télévision très regardée à Pékin. Ma mère, elle, avait sorti de son sac à main une série de photos récentes de Kerim, Gulhumar et Gulnigar. Moi, je trottinais entre le salon et la cuisine, où l'eau pour le thé ne cessait de bouillir. Je ne voulais rien rater de toutes leurs histoires. Elles m'avaient tellement manqué.

Pourtant, une ombre au tableau revenait troubler la quiétude de nos retrouvailles. Ma mère ne comprenait pas : pourquoi n'avais-je pas appelé dès ma sortie de « l'école », en mars dernier, pour les inviter ici ou venir la voir à Ghulja ? Pourquoi avoir tant attendu ? « Tu sais, j'ai eu beaucoup de choses à faire. Je devais trouver un appartement dans Karamay, ça n'a pas été une mince affaire. J'ai dormi dans des chambres d'hôtel pendant plusieurs mois. Je ne pouvais pas te recevoir tant que tout n'était pas prêt. Je voulais que tout soit parfait pour ta venue », lui répondais-je, sans parvenir à dissimuler le trouble que me coûtait ce mensonge. Nedjma et Madina se jetaient des regards entendus, elles comprenaient que je n'étais pas libre de parler. Probablement en ce moment même, des policiers écoutaient nos conversations.

Contrairement à mes sœurs, ma mère sait très peu de

choses des camps. Son grand âge et peut-être une certaine ignorance la tiennent à distance des troubles profonds, même si, comme tout le monde, elle doit répondre aux questions de policiers régulièrement. Elle m'a rendu visite à Baijiantan certes, mais les parloirs sont un miroir déformant qui masque la vérité. Pour les visiteurs, impossible de deviner ce qu'il se trame de l'autre côté des murs, dans les entrailles des salles de classe et des cellules : les surveillants prennent toujours soin de les accueillir avec politesse. On leur donne des verres d'eau, on s'enquiert de leur santé, de celle de leurs familles. Parfois, on leur glisse une anecdote qui les fait rire. Ma mère riait avec les policiers. Elle me savait dans une école mais, lors de nos visites, leur gentillesse sournoise tombait comme un voile sur ses yeux. Elle se laissait prendre à leur jeu hypocrite. Ainsi, malgré ma mine fatiguée, malgré les longs cernes qui dévalaient sur mes joues et ma silhouette émaciée, elle ne pouvait pas vraiment imaginer ce que je vivais. Elle posait peu de questions. Quand elle s'y risquait, j'apportais une réponse évasive. Je ne voulais pas qu'elle sache. Je l'ai déjà dit : au Xinjiang, savoir la vérité vous met automatiquement en danger.

À son arrivée ici, elle m'avait trouvée « pas trop amochée », et « même en forme ». Et depuis, elle n'en démordait pas. Quand même, j'aurais pu appeler. « Pourquoi tu n'es pas venue me voir ? » insistait-elle d'un air incrédule. Elle était vexée. Pis, blessée. Moi, je m'enfonçais dans le canapé, rongée de culpabilité. Nedjma et Madina comprenaient ma gêne et elles changeaient de sujet. Ma mère s'obstinait : « Enfin, tu aurais pu appeler quand même ! Ce n'est pas très gentil ! »

Leur séjour ici était bien entamé quand le pacte que

j'avais signé avec les policiers est revenu me hanter. Les discussions prenaient un tour schizophrénique. J'oscillais entre un état d'insouciance et un sentiment de culpabilité. La vraie Gulbahar disparaissait pour faire toute la place à l'autre, la Gulbahar murée derrière des mensonges. Quand ma mère me donnait des nouvelles de Kerim, Gulhumar et Gulnigar, je ne pouvais m'en réjouir à mon aise car une phrase des policiers se rappelait immédiatement à mon esprit : « Tu diras à ta mère et tes sœurs de faire passer ce message, c'est très important : si tu as été punie, c'est parce que Kerim et Gulhumar ont fait quelque chose de très grave. Ils ont participé aux activités de l'Association des Ouïghours de France, c'est pour ça qu'on t'a envoyée à l'école. Il faudra qu'elle aussi l'explique à ton mari et à ta fille. Il faudra qu'elle soit très ferme avec Gulhumar, qu'elle lui dise qu'elle ne doit jamais retourner dans les manifestations », avait insisté le policier.

Alors, quand nous avons appelé Gulhumar qui se trouvait à ce moment dans la famille de son mari en Suède, j'ai demandé à ma mère de répéter ce que les policiers m'avaient ordonné de lui faire dire. Elle s'est exécutée sans broncher. Je crois qu'elle ne se doutait même pas que je puisse être de mèche avec des policiers. Elle me pensait libre, car rien ne laissait soupçonner le contraire : j'habitais seule un appartement de Karamay et, hormis quelques agents de quartier souriants, personne ne semblait me demander de rendre des comptes. Je participais à cette subtile mascarade, c'était terrifiant. À l'intérieur, je hurlais.

Le jour du départ est arrivé et, avec lui, l'incompréhension de ma mère se faisait désormais plus pressante. Comment ça ? Elle ne pouvait pas rester ici ? Mais enfin, c'était insensé ! Elle nous regardait toutes les trois, les yeux brillants d'inquiétude. Elle attendait de vraies réponses. Moi, je ne pouvais que lui raconter un énième bobard soufflé par les policiers : « Je suis désolée maman, mais j'ai beaucoup de choses à faire à Karamay. Je dois trouver un autre appartement. Il faut aussi que j'aille à la Compagnie terminer mes démarches administratives. Vraiment, je suis désolée, mais tu ne peux pas rester. » Nedjma et Madina remplissaient les valises. Elles décrochaient les robes longues des cintres, rassemblaient les paires de savates échouées dans l'entrée, passaient un chiffon sur le plan de travail de la cuisine. Elles avaient compris qu'il fallait partir. Elles savaient que bientôt d'autres personnes viendraient dans l'appartement, des hommes ou des femmes qui me surveillaient. Des policiers. Alors, elles s'exécutaient sous mon regard embarrassé. Nedjma emballait les affaires de ma mère sans rien dire. Ma mère pleurait. « Vraiment, c'est incompréhensible ! » sanglotait-elle. Une fois l'appartement vidé, nous avons claqué la porte et pris la direction de l'aéroport. Ma mère a pleuré jusqu'à nos embrassades, jusqu'à ce que je la voie grimper l'escalator et disparaître dans la foule.

Étendue sur mon lit, j'écoute le silence où percent par instants les bruits de la ville. Des klaxons, quelques vrombissements de moteurs. Des voix lointaines qui bavardent en mandarin. En voyant ma mine défaite au retour de l'aéroport, les policiers ont accepté de m'octroyer un répit supplémentaire. Ils m'ont laissée seule ce soir. C'est la première nuit que je passe ainsi depuis longtemps : sans policiers, sans codétenues, sans Nedjma et Madina. Sans ma mère. Ses pleurs résonnent encore dans ma tête, ils ne sont plus qu'un écho lointain alors que tout mon corps s'engourdit. Il faut dormir.

Chapitre 24

13 août 2019.

Les journées s'étiraient avec lenteur sous la brûlure continue de l'été. Chez eux, les habitants se terraient sous la fraîcheur des climatiseurs. Le départ de ma mère et de mes sœurs m'avait précipitée dans une énième routine : je me rendais au marché et à l'épicerie, chez le coiffeur et au restaurant, comme les autres habitants de Karamay, mais je n'y prenais plus le même plaisir. Cette vie pouvait leurrer les anciennes connaissances qui m'apercevaient dans les rues, mais pas moi. La cuisine, le ménage, les courses devenaient des prétextes pour tromper mon attente intenable.

Je ne savais pas ce que j'attendais, un signe ou un mot des policiers qui soudain me permettrait d'entrevoir la fin de quelque chose. Je vivais sur le qui-vive. Mon oreille traînait au milieu des conversations des policières, à la recherche de n'importe quoi : une information positive, une information négative, une information tout court. C'est alors qu'ils ont commencé à évoquer la clôture de mon « dossier » avec fébrilité, ce qui me laissait penser que bientôt, peut-être, je serais libre. Là-haut, au-dessus de cette vie morose que nous partagions les policiers et moi, les négociations entre la France et la Chine prenaient, semble-t-il, une tournure concrète. « C'est bientôt fini, Gulbahar », me glissait-on. Mais comme toujours, aucun d'eux ne jugeait bon de m'expliquer de quoi cette « fin » serait faite. Une vie au Xinjiang sous le contrôle de la police ? Ou un retour en France ? Je n'osais l'espérer. Gulhumar se rapprochait de son terme, elle accoucherait au début de l'automne. Peut-être même avant. À vrai dire, je ne parvenais pas à me le représenter car je vivais sur le fil d'un espace-temps parallèle. Jusqu'à quand me forcerait-on à vivre cette imposture ? Les policiers avaient beau parler de ma libération prochaine, je ne savais rien. Vraiment rien. Tout ce que je voyais, c'est que je n'étais pas libre.

On m'avait autorisée à déménager dans un autre appartement, le mien cette fois. J'avais trouvé un deux-pièces à louer dans le centre, non sans peine car la plupart des propriétaires refusent maintenant de louer à des Ouïghours. Il était convenu que j'en signerais le bail le 5 juillet. Mais ce jour-là, tout a basculé. C'est toujours lorsqu'un pan de votre vie se rétablit qu'un autre dégringole. Je quittais cette résidence surveillée pour un appartement plus confortable et, alors que je m'apprêtais dans une joie anxieuse à goûter ce gain supplémentaire de liberté, Madina m'a appelée. Ma mère venait de faire un AVC. Elle se trouvait entre la vie et la mort, dans le service de réanimation de l'hôpital de Ghulja. Au téléphone, ma sœur ne s'est pas étendue. Elle faisait ses valises, elle serait à l'hôpital le jour même. Nedjma et mes frères se trouvaient déjà sur place. Moi aussi, j'ai rassemblé mes affaires et, sans attendre, j'ai réservé une place à bord du premier vol pour Ghulja. « C'est d'accord, tu peux y aller. Mais je t'accompagne », m'a aussitôt répondu Israyil quand je l'ai averti du drame. Lui prendrait le vol suivant. Il assurerait mes déplacements, m'évitant les longueurs insupportables des contrôles de police, disait-il. Il était bien placé pour le savoir. Moi, je n'étais pas dupe. Il s'incrustait à mon voyage pour me surveiller, pas pour me « protéger ».

À ce moment-là, peu m'importait d'être toujours l'objet de la police. L'accident de ma mère accélérait d'une certaine façon la fin de ma résidence surveillée à Karamay. « Grâce » si j'ose dire à ce hasard malheureux de l'existence, je pouvais faire mes valises, prendre un avion, me déplacer presque librement. Je partais le cœur lourd, l'esprit rongé par une tristesse coupable, mon téléphone au fond de mon sac, toujours allumé pour que la police puisse me joindre. J'espérais juste arriver à temps.

Je me trouve maintenant dans la maison de ma mère. La fête du mouton, l'autre Aïd[1], a pris fin quelques jours auparavant. À Ghulja, des semaines étranges viennent de se dérouler. Enfin, je savoure un peu de repos et redécouvre le musée de mon enfance, parfois prise d'une nostalgie inconfortable. En français, il y a une expression que j'aime pour dire ça : on dit « avoir le cœur gros ». Oui, j'ai le cœur gros. Sans doute est-ce dû au fait que mes frères et sœurs ont quitté la maison. Qu'ils sont partis et que je ne les reverrai plus. Je le sais. Nos au revoir étaient des adieux. L'idée est si déchirante que je ne parviens pas encore à ressentir quoi que ce soit. Je laisse traîner mon regard sur les bibelots ouvragés des étagères, sur les tissages ouïghours

1. L'Aïd el-Kebir.

aux murs ou les tapis qui jonchent le sol. Ma mère a survécu. Au bout de quinze jours, son pied gauche a bougé. Puis sa main. Elle gardera des séquelles physiques mais enfin, quelle joie de la voir quitter l'engourdissement du coma pour revenir à elle, à nous, ses enfants. Désormais, elle passe le plus clair de ses journées à se reposer et Nedjma et moi orchestrons ce repos. Depuis les jours heureux de l'Aïd, rien ne vient troubler le calme de son rétablissement, sinon mon téléphone qui continue de sonner plusieurs fois par jour. Du fond de ma poche, ses vibrations me rappellent à mes obligations. Israyil tente de me joindre. Ma libération est imminente. C'est à présent une question de jours, de semaines tout au plus et, tandis que j'essaye de me représenter les événements qui m'ont conduite à ce moment tant attendu et dont je ne saurais pas dire s'il me réjouit ou non, le tourbillon de ce mois de juillet insensé se rappelle à moi avec davantage de clarté. Avec ses incohérences, ses doutes, ses soulagements.

C'était à la mi-juillet. Ma mère se battait encore pour vivre. Avec Nedjma, Madina et les autres, nous passions nos journées à son chevet, veillant sur son sommeil. Je ne pensais pas revoir mes frères. Mais les épreuves de la vie restent des moments de retrouvailles. Nous avons saisi celle-ci sans hésiter, passant nos journées à nous soutenir, à nous raconter nos vies devant la fontaine à eau, à nous enlacer sous les regards discrets des infirmières qui s'affairaient d'un patient à l'autre. Quand on n'essayait pas de voir ma mère depuis le hublot de sa chambre aseptisée, nos corps épuisés cherchaient le repos contre un mur du couloir. Là, on s'adossait, on se laissait glisser doucement jusqu'au carrelage. Les médecins se voulaient optimistes. Elle s'en sortirait, disaient-ils, « soyez patients ». Autour de nous, des patients d'un genre particulier, des hommes, traînaient leurs corps sur des béquilles. J'ai tout de suite reconnue la façon disloquée de se déplacer de ces malades rachitiques à la peau pâle et aux yeux recroquevillés sous leurs paupières, comme si on les avait privés de lumière naturelle pendant très longtemps. Cette démarche est celle que vous donnent les années en camp : quand on vous enchaîne des jours ou des semaines, les os des tibias s'atrophient, les chevilles enflent, les pieds se tordent. Certains de ces zombies portaient même l'uniforme bleu. Très vite, mon hypothèse s'est vue confirmée. Après plusieurs jours à observer l'un d'eux, un homme d'une cinquantaine d'années, j'ai fini par l'aborder. « Oui, je sors d'une école, a-t-il reconnu à mi-voix, on est beaucoup ici. »

Pendant ce temps, Israyil avait pris une chambre d'hôtel à Ghulja. Depuis l'un des bancs du jardin de l'hôpital où il s'asseyait chaque jour, il assurait ma surveillance. Je partageais mon temps entre le couloir et ce banc ; entre mes frères et sœurs, qui ignoraient tout de la présence du policier à mes côtés, et les rencontres avec celui-ci, qu'il sollicitait en me passant un bref coup de fil. C'était le mot de passe : dès que je voyais son numéro s'afficher sur mon téléphone, je devais accourir dans le jardin. La même schizophrénie que celle qui m'avait poussée à mentir pendant la venue de ma mère et de mes sœurs à Karamay me saisissait à l'hôpital : il m'appelait ; je venais le retrouver.

Sa bonté à mon égard avait fini de m'étonner. Plus mon dossier « avançait », plus il me témoignait de sollicitude, et plus la frontière qui séparait nos deux mondes s'affaissait. Comme si soudain je n'étais plus une terroriste à ses yeux, mais une personne à protéger. Un individu que l'on surveille mais aussi sur qui l'on veille, parce qu'on lui veut du bien. Je comprenais alors que, dans l'esprit des policiers, il n'existe qu'un pas entre ces deux termes. Par la magie des négociations qui se déroulaient dans des bureaux feutrés à des milliers de kilomètres, ses marques d'attention se multipliaient. Lui, mon ennemi juré, l'énième maillon de la chaîne de mes bourreaux, s'inquiétait désormais de mes tourments les plus intimes. Ses relations facilitaient le drame que nous traversions. Il avait prévenu la police de Ghulja de l'accident de ma mère et celle-ci s'était empressée de rencontrer les membres de la direction de l'hôpital pour s'assurer qu'elle soit prise en charge par les meilleurs médecins. Je lui transmettais les dernières nouvelles de sa santé et lui les messages de Kerim et Gulhumar, inquiets de me savoir au chevet de ma mère mourante. Il les rassurait au téléphone. « Encore un peu de patience », leur disait-il. Je le regardais accompagner mon dossier jusqu'à son dénouement, soucieux de me savoir libre bientôt et, c'est très bizarre à dire, mais je ne voyais plus que de la gentillesse dans ses yeux inquiets. Une sollicitude sincère qu'il m'était impossible de comprendre après tout ce que m'avaient fait subir les individus comme lui.

Dans les camps, le néon blanc qui vous crève les yeux, les leçons, les repas, les défilés qui se suivent et se ressemblent sont de puissants outils de torture qui vous font perdre la notion du temps. Pendant deux ans, je m'étais abîmée dans les limbes des journées de détention où rien ni personne ne vous attend. J'avais oublié l'heure qui tourne, les jours et les mois qui passent. À l'extérieur des murs, mon dossier avait navigué entre tant de mains policières que j'avais fini par arrêter d'espérer sa clôture. Pour lui aussi, le temps s'était comme arrêté, suspendu au-dessus de la fourmilière de procédures du commissariat de Karamay. Et voilà que tout à coup, sans que je sache pourquoi, le temps s'accélérait. Après tant de temps passé à perdre la notion du temps, les policiers me pressaient. D'abord, on m'avait placée en résidence surveillée quelques mois. Puis en liberté conditionnelle, le temps de la convalescence de ma mère. Quand celle-ci a quitté l'hôpital et que, quatre jours plus tard, Israyil m'a convoquée à sa chambre d'hôtel, j'ai compris que le temps me séparant de ma libération se compterait en jours. Plus je coopérerais, plus mon dossier serait vite refermé. D'une vie en pointillé, où la mort vous paraît être la seule issue probable à votre attente, je suis passée à une vie hâtive, précipitée. Je m'engageais dans un marathon administratif qui devait me permettre de regagner la France.

Dans sa chambre d'hôtel, entouré de plusieurs autres policiers que je ne connaissais pas, Israyil m'a demandé d'écrire de nouveaux aveux. Encore ! Ça n'allait donc jamais prendre fin, tout ce cirque ? Il y avait bien la vidéo que j'avais tournée en mars, mais il leur fallait « des excuses officielles par écrit », disait-il. Je me suis exécutée et, avant que l'un des policiers ne s'empare de mes aveux et les ajoute à mon dossier, je l'ai vu dater le document au 11 mars 2019, date à laquelle j'ai quitté la résidence surveillée. J'ai trouvé ça bizarre. Aujourd'hui encore, ce détail reste un mystère. Mais les policiers, une fois de plus, ne m'ont pas laissé le temps de m'attarder dessus. Ils avaient la charge de clôturer mon dossier et de me ramener à Karamay. J'ai dit au revoir à ma famille en promettant de revenir début août pour l'Aïd.

Nous étions fin juillet. Karamay somnolait sous la

canicule quand nous avons atterri. C'est là que quelques jours irréels se sont alors déroulés : à peine arrivés à l'appartement, les policiers m'ont demandé de faire mes valises. Je déménageais dans une chambre d'hôtel du centre-ville, où je n'ai même pas pris le temps de déplier mes affaires emballées à la hâte. Ma valise est restée éventrée au pied du lit. J'ai à peine froissé les draps tant je dormais peu. Je savais que je ne serais que de passage ici. C'était désormais une certitude car Tasqin comptait m'emmener au bureau des passeports. L'idée ricochait sur toutes les parois de ma tête et mon cœur battait à tout rompre lorsqu'il me l'a annoncé, presque sans hausser le ton, comme si cette minuscule formalité n'avait rien d'incroyable. On allait me fournir un passeport ! Dans quelques semaines, je pourrais quitter le pays ! Il m'en fallait un nouveau[1]. Tasqin veillerait personnellement à ce que je puisse l'obtenir « sans délai », il ferait « jouer ses contacts », m'assurait-il, son statut haut placé m'aiderait à me faufiler plus rapidement dans les couloirs tortueux des procédures qui sont interminables au Xinjiang. Je n'en revenais pas. En quelques jours, toutes les portes de l'administration inextricable se sont ouvertes à moi avec une facilité déconcertante ! Au guichet, l'homme s'est même inquiété de savoir à quelle date exacte je voulais rentrer en France. On me demandait mon avis. Un autre s'est enquis du terme de Gulhumar : souvent, les jeunes femmes accouchent avant la date, il fallait que je sois là « bien en avance », recommandait-il. « Le bureau des passeports fera le néces-

1. Le passeport qu'on lui a confisqué à son arrestation, en janvier 2017, s'est périmé pendant les années que Gulbahar a passées en camp de rééducation.

saire », a-t-il ajouté gentiment. Mon Dieu, je rentrais à la maison. Qui étaient ces personnes là-haut qui actionnaient ma remise en liberté et – je n'arrivais même pas à le formuler à voix haute – mon retour à la maison ? Étaient-ce Gulhumar et Kerim ? La France ? La France… ça y est, j'allais regagner la France.

Pendant deux ans, tous autour de moi – policiers, surveillants, professeurs, tuteurs – ont tenté de me faire croire à ce vaste mensonge sans lequel la Chine ne pourrait justifier son projet de rééducation : les Ouïghours sont des terroristes et donc moi, Gulbahar, parce que je suis une Ouïghoure exilée en France, je suis une terroriste. Les vagues successives de la propagande se sont abattues sur moi et, au fil des mois, j'ai perdu une partie de ma raison. Des morceaux de mon âme ont volé en éclats. À la maison d'arrêt d'abord, dans les camps ensuite. Je ne les recouvrerai plus jamais.

J'ai courbé l'échine sous la violence des policiers. À tel point que j'ai même prononcé de faux aveux. On me disait que, plus vite je reconnaîtrai mes crimes, plus vite je serai sortie d'ici. Épuisée, j'ai fini par les croire. J'ai accepté ce rôle car, dans le néant de la rééducation, aucun autre choix ne s'offrait à moi. On ne peut pas lutter infiniment contre le bourrage de crâne, même si l'on pense le contraire. Une fois que vous vous êtes battue avec dignité contre lui, il commence à faire son travail. Toute envie et émotion vous quittent. Quelles options vous reste-t-il alors ? Une chute lente et douloureuse vers la mort ou… la soumission. Mais si vous « jouez » la soumission, si vous feignez de plier dans le bras de fer psychologique des policiers, alors vous conservez cet éclair de lucidité qui vous rappelle qui vous êtes. Eux croient ma repentance sincère. Moi, je n'ai jamais cru un traître mot de ce que je devais dire. J'étais simplement une bonne comédienne. Je veux le dire aujourd'hui, car la police manipule si bien. Autour de moi, j'ai vu beaucoup de détenues lui succomber.

Ainsi, par cette distorsion de l'esprit que j'utilisais comme un bouclier indestructible, je n'ai jamais oublié la vérité. Je suis innocente. Quand Ayshem m'affirmait combien j'avais fait de mal à la Chine, j'acquiesçais. Au fond de moi, même dans ces moments de désespoir les plus intenses, je savais, non que mon innocence triompherait puisque j'étais l'une des milliers de cibles d'un immense complot destiné à éradiquer les Ouïghours, mais que jamais on ne pourrait me l'ôter, cette innocence. Ni Ayshem, ni les policiers, ni personne ne pourrait m'empêcher d'y croire jusqu'à la mort.

Le 2 août peu avant midi, un juge de Karamay a prononcé mon acte d'innocence devant une minuscule assemblée. Après les aveux renouvelés, après la demande de passeport, voilà que sonnait la dernière étape de ma libération : le procès. Le vrai procès. Ses mots m'échappent car, à vrai dire, je ne les ai pas vraiment écoutés. J'assistais à la sentence comme une étrangère. On avait énuméré mon numéro de matricule, les charges qui pesaient contre moi, puis je m'étais comme envolée. Je n'étais plus là. Je flottais en apesanteur au-dessus d'eux, dans une rêverie comateuse. Je repensais à toutes ces fois où j'avais clamé mon innocence, à ces nuits passées à me retourner sur ma paillasse, enrageant de ne voir personne me croire. Et puis, je repensais aussi à toutes ces autres fois, celles où j'avais acquiescé sous les accusations, celles où j'avais avoué ; à tous ces mensonges proférés.

Autour de moi, les silhouettes des policiers s'agitaient :

« Tu entends ? Le juge te libère. Tu es libre, ça y est », m'a glissé l'un d'eux. Je l'ai regardé sans lui rendre son sourire. On m'avait condamnée à sept ans de rééducation. On avait traîné mon corps dans la misère et mon esprit jusqu'aux portes de la folie. Et voilà qu'après trois ans d'enquête les policiers avaient remis leurs conclusions : maintenant, à la lecture du dossier, un juge estimait que non, en réalité, j'étais innocente ! Reconnue avec un retard (trois ans !) que je ne pourrai jamais pardonner, la méprise dont je faisais l'objet ne la rend que plus absurde. Qui étaient tous ces fous qui un jour vous disent que vous devez payer « vos crimes » durant sept ans de goulag, et le lendemain vous libèrent d'un ton monocorde ? Je n'ai pas entendu d'excuses, ni de mention d'un dédommagement quelconque venant compenser les trois ans de ma vie volés, ces années où l'on m'avait réduite à moins qu'une femme. Non, je n'ai rien entendu de tout cela. Le juge a rassemblé ses papiers, puis tous dans la salle ont commencé à se lever. Des bancs que l'on repousse raclaient le sol. C'était fini. Voilà comment on clôturait mon calvaire : dans l'indifférence générale. D'autres prévenus attendaient dans le couloir. Au suivant. Je restais assise au milieu de ce capharnaüm, sonnée par la nouvelle. Le jugement mettait fin à ma liberté conditionnelle. J'étais vraiment libre. Enfin.

Mon passeport ne devrait plus tarder à arriver. À chaque appel d'Israyil ou de Tasqin, j'espère qu'ils vont me l'annoncer. Je guette les messages de numéros inconnus sur mon téléphone. Un bonheur intense, à cet instant, devrait me remplir tout entière. Pourtant, c'est tout le contraire. Je ne parviens pas à me dire que bientôt il faudra que je fasse mes adieux à ma mère, à mes sœurs, à mon pays. Plus jamais je ne retournerai ici. Ma mère somnole, les yeux mi-clos, dans sa chambre. Quand je la regarde, je lis sur son visage aux rides soucieuses une grande tristesse. Elle le sait aussi : dans quelques jours, tout sera fini. Nous ne nous reverrons plus jamais. Demain, je partirai pour quelques jours à Altay, dans la famille de Kerim. Ce sera la première visite que je fais à mes beaux-parents depuis mon arrestation, en janvier 2017. Ensuite, je reviendrai ici pour dire au revoir à ma mère, à Nedjma. Puis, je me rendrai à Urümqi. Là, je prendrai mon billet pour la France, Madina m'accompagnera à l'aéroport, on se serrera fort dans les bras. Puis, je quitterai le Xinjiang pour toujours.

Chapitre 25

21 août 2019.

17h40. Plus qu'un quart d'heure et je serai avec eux. « Chers passagers, veuillez regagner vos sièges et attacher vos ceintures. Notre avion amorce sa descente. » Autour de moi, des personnes s'affairent tranquillement. Le bruit des journaux que l'on froisse et des tablettes repliées sur le dossier des sièges se mêle au cliquettement des ceintures. Derrière le verre du hublot, j'observe la masse noire des forêts, la ligne de la route qui serpente entre la jolie déclinaison de jaune et de vert que forment les champs vus d'en haut. Les voitures minuscules.

Je presse le gobelet en plastique qu'une hôtesse m'a tendu un peu plus tôt. Quelques gouttes d'eau perlent encore sur sa paroi. Je m'enfonce dans mon siège. Alors voilà. Tout est fini. C'est drôle, j'avais imaginé qu'un immense soulagement me parcourrait à cet instant. L'avion dégringole doucement dans les airs et, tandis que le sang bat dans mes tympans obstrués par la pression, je m'abandonne aux quelques minutes qui me séparent de la France ; de Kerim, Gulhumar et Gulnigar. J'ai tant réfléchi la nuit dernière à ce qu'il faudra dire, à ce qu'il faudra taire. J'ai retourné mon histoire des dizaines de fois dans ma tête, empêchant le sommeil de venir. Je jette un coup d'œil à ma montre. 17h42. Que va-t-on se dire? Quand on se verra, qui parlera le premier? Vais-je m'effondrer ? Peut-être que la meilleure solution est de faire illusion. J'espère que Kerim détendra l'atmosphère. Il sait faire. Oui, sans doute faut-il nous laisser croire que ce sont des retrouvailles normales. Que toutes ces souffrances n'étaient qu'un cauchemar. L'un de ces cauchemars où, au réveil, on reste quelques instants assis au milieu des draps, la gorge nouée, sans parvenir à se souvenir de la chose si effrayante qui peuplait notre sommeil.

Si je les enlace, je pleurerai, c'est certain. Je ne veux pas pleurer. Un peu de dignité! Nous nous épancherons plus tard, à l'abri des regards.

Une hôtesse glisse sur la moquette des rangées et jette un œil aux ceintures. Je lorgne la trotteuse de ma montre qui se balade sur le cadran. Que c'est lent! Des fourmillements parcourent mon corps. Que vont-ils penser de moi? Je passe une main inquiète dans mes cheveux fatigués, puis sur les petites taches brunes de mes joues. Allons, Gulbahar, ils ne penseront rien du tout. Ils seront heureux de te voir, voilà tout. 17h43. Mon Dieu, que c'est lent! Au téléphone, Gulhumar m'a tout expliqué. Elle et le Quai d'Orsay ont orchestré mon retour au millimètre près, de telle sorte qu'il ne puisse rien m'arriver. À Astana, une personne missionnée par l'ambassade de France au Kazakhstan a veillé sur moi pendant le transfert. Je ne l'ai pas rencontrée mais elle était là, quelque part dans la foule des passagers qui faisaient escale. Nos regards se sont sûrement croisés.

Une fois que nous nous sommes envolés du Kazakhstan, un premier soulagement m'a parcourue. Pourtant, tant que je n'aurai pas retrouvé les miens, je ne serai pas libre. Pas tout à fait. De nouveau, je me penche pour scruter les passagers, à la recherche d'un sbire de Tasqin. Peut-être qu'il m'a fait suivre en France. Peut-être que quelqu'un, soudain, va se lever et s'approcher de moi en me disant : « Gulbahar Haitiwaji ? Suivez-moi, on a encore quelques questions. » Cette pensée m'obsède. Je m'appuie sur les accoudoirs et tends le cou. Derrière. Devant. Non, personne ne me jette de regards insistants. Personne ne semble me reconnaître. Il n'y a que des passagers assoupis et d'autres qui s'éveillent doucement. 17 h 45. Je m'enfonce un peu plus dans le dossier.

Ils me trouveront changée, c'est certain. Quand je leur ai dit adieu, j'ai laissé des morceaux de moi dans les bras de ma mère, dans ceux de Madina à l'aéroport. Une part de mon âme, aussi, erre encore dans les couloirs froids de Baijiantan ; dans la salle d'audience où le policier qui m'a jugée doit en ce moment condamner d'autres innocentes. Jamais plus rien ne sera comme avant. La démence dans laquelle notre terre est plongée m'a arrachée pour toujours à la vie tranquille que je menais. Ils ne me reconnaîtront pas, car je ne suis plus la même. Ces choses innommables, ces détenus vidés, ces policiers électrocutés par la propagande, tous ces gens réduits à moins que des hommes, moins que des femmes, sous la violente décharge de la répression, comment pourrais-je un jour les oublier ?

Une brusque secousse me ramène à l'habitacle de l'avion. 17 h 54. Nous venons d'atterrir. Derrière le hublot, le tarmac de Roissy baigne dans une lueur dorée. La voix de l'hôtesse parle en mandarin, puis en français. Je ravale ma salive et passe mes mains moites sur mon pantalon. Et une fois les retrouvailles terminées, par quoi faudra-t-il commencer? « Il y a trois ans, j'ai été faite prisonnière… » Non, ça ne va pas. « On m'a enfermée dans un camp de rééducation. » Non plus. Trop dur, trop froid. « Voulez-vous que je vous raconte ce qu'il m'est arrivé? » Oui, peut-être que je pourrais entamer mon récit ainsi.

Mais laissons cela pour l'instant. Il n'y a plus rien à dire. Plus rien à faire. Plus rien d'autre à penser que leurs chers visages qui m'attendent à quelques encablures de là, de l'autre côté du boyau qui relie l'avion à l'aéroport. Je me mêle aux passagers silencieux en pressant le pas. J'ai envie de courir.

Épilogue

Janvier 2021.

Lorsqu'un silence s'étire quelques secondes de trop, Gulbahar perçoit le traditionnel signal d'alarme, ce code qui lui permet de comprendre que la conversation FaceTime avec sa mère et ses sœurs va prendre fin d'un moment à l'autre. « Bon, eh bien, il faut que l'on raccroche », lance alors l'une d'elles, gênée. Lovée dans le canapé blanc de Boulogne, son petit-fils Rafael sur les genoux, Gulbahar acquiesce. Son corps se tend alors qu'elle se redresse sur les coussins. Elle profite de leurs chers visages encore un instant sur l'écran, puis accompagne d'un geste la petite main potelée de Rafael pour leur dire au revoir. « Au revoir, au revoir, à la semaine prochaine ! » Rafael glousse, cela lui met un peu de baume au cœur.

Sa mère, Nedjma et Madina vont bien. En tout cas, c'est ce qu'elles affirment quand Gulbahar les appelle, une fois par semaine depuis son retour en France. Bien sûr, les conversations ne durent jamais longtemps. Si elles s'éternisent, le risque de manquer de sujets de discussion grandit. Car, comme autrefois à Karamay, toutes ont la bouche cousue. Elles ne peuvent pas reconnaître qu'au Xinjiang les interrogatoires de police se multiplient et que beaucoup autour d'elles continuent d'être déportés dans les camps. Quand elle apprend que l'un de ses neveux se déplace désormais à l'aide d'une paire de béquilles, qu'un autre a développé une santé fragile, Gulbahar comprend. Elle sait interpréter les messages codés. Gulbahar a appris à deviner ce qu'elles sont condamnées à taire car leurs conversations, sans aucun doute, sont écoutées. Toutes les quatre se contentent donc de raconter des choses légères. Des choses de la vie sans conséquences.

Gulbahar referme l'étui sur son téléphone, pose un baiser sonore sur la joue de Rafael et l'assoit dans son parc à jouets. Elle retourne à ses occupations. Le week-end, Kerim, Gulhumar et Gulnigar vaquent aussi à leurs affaires dans l'appartement, aux heures creuses qui succèdent au déjeuner et où toutes les pièces somnolent dans une lumière bleutée. S'activer chez elle l'aide à réfléchir même s'il arrive que, soudain, son corps se vide de toutes ses forces. Un mauvais sommeil, fait de nuits courtes et agitées, la maintient dans un état de fatigue lancinant. Sa vue a aussi beaucoup baissé, à tel point que de violents maux de tête l'empêchent parfois de terminer une phrase. Satanée lumière aveuglante de Baijiantan. Depuis quelques semaines, une question l'obsède : qu'adviendra-t-il de sa mère et de ses sœurs quand les autorités en Chine apprendront l'existence d'un livre sur elle ? Sur son téléphone, elle relit les conversations WeChat, l'œil inquiet, puis renvoie quelques messages à Madina et Nedjma. « J'espère que tout va bien. On se rappelle très vite. » Libre, Gulbahar vit toujours avec la peur, immense et incontrôlable, qu'elles arrêtent de répondre à ses appels. Ses entrailles se tordent quand elle y pense.

Et Aynur ? Et Dilnur, Almira, Zahida et toutes ces autres femmes croisées dans les camps, que sont-elles devenues ? En se plongeant dans les vidéos postées par ses connaissances sur WeChat et TikTok, Gulbahar a mené son enquête, sans succès. Ces femmes se sont comme évaporées dans la nature. Un jour, elle a retrouvé par hasard la trace de l'une d'elles, une ancienne codétenue de Baijiantan d'origine kazakhe. « Bonjour, comment vas-tu ? Je suis la prisonnière numéro neuf », lui a-t-elle écrit. Cette femme ne lui a jamais répondu. Maintenant qu'elle se trouve de l'autre côté du miroir, Gulbahar le constate, terrifiée : plus que jamais, le Xinjiang se referme sur lui-même, comme un trou noir aspirant tous les êtres chers qu'elle pouvait encore contacter avant son drame. Pour se rassurer, elle se souvient de ce précieux numéro que lui ont donné des personnes au Quai d'Orsay, deux mois après son retour. « Si vous ressentez un quelconque besoin, une menace, un danger, appelez-nous », lui avaient-ils dit à l'époque. Gulbahar n'a pas oublié. Si soudain ses messages à sa mère, Nedjma ou Madina restent sans réponses, elle n'hésitera pas à composer le numéro.

Aujourd'hui, Gulbahar ne craint plus pour sa vie. Quand elle sort faire des courses, elle jette parfois un regard derrière son épaule pour s'assurer qu'elle n'est pas suivie – un vieux réflexe – mais elle n'a reçu ni menace, ni tentative de chantage. Aucune ombre, pour l'instant, ne vient troubler la quiétude de son quotidien qu'elle passe auprès de sa famille. À Boulogne, elle a repris la place béante laissée à sa disparition, et plus encore : désormais, la Gulbahar réservée, celle qui s'effaçait dans le flot des conversations enflammées sur le Xinjiang, ne veille plus seulement à ce que les autres ne manquent de rien. À table, quand la discussion glisse sur la politique, elle tend l'oreille. Elle aussi a des choses à dire. Elle dépose le plat de *leghmen* au milieu des assiettes, et parle de ce qu'elle a vu au Xinjiang. Tous l'écoutent en silence. Une lueur de fierté brille dans l'œil de Kerim, lui que la répression révolte depuis tant d'années. Elle s'accoutume à cette nouvelle place avec joie, comme une femme libre, résolue à faire de ses traumatismes et de ses blessures une force.

Pourtant, Gulbahar n'avait pas imaginé que la liberté aurait aussi un mauvais goût. Quand elle se laissait mourir dans un camp, rien ne lui semblait plus heureux que de rentrer en France. Dans son « jardin secret », elle visualisait les retrouvailles à l'aéroport, les embrassades, les sanglots lui secouant le corps, ses filles dans les bras. Quelques semaines après tout ça, Gulbahar a repris contact avec ses amis de la diaspora. Tous avaient suivi son drame au gré des pétitions et des interviews de Gulhumar. Certains sont venus déposer quelques cadeaux à sa fille après son accouchement. D'autres lui ont écrit des mots. C'est là qu'elle a senti que quelque chose clochait. C'est là qu'elle a réalisé, désemparée, que la Chine avait quand même gagné.

La répression au Xinjiang ricoche jusque dans la petite communauté des Ouïghours de France, tant et si bien que la profusion de chaleur de ses amis n'a pas explosé comme elle l'espérait. Gulbahar n'a eu droit qu'à un accueil timide, presque froid. Sur leurs visages inquiets, dans leurs textos sans réponses, elle a vu passer comme une gêne. Une peur à peine perceptible. « Ce n'est pas que je ne veux pas te voir, tu sais. Mais je ne suis pas à l'aise. Ton appartement est sûrement sur écoute », a fini par lui avouer une amie très chère. Autour des Haitiwaji, les rumeurs allaient bon train : comment expliquer que Gulbahar ait été libérée ? Personne ne réchappe de ces camps. A-t-elle passé un accord avec les policiers ? Leur a-t-elle fourni une liste de noms ? Quoi qu'il en soit, sa libération est étrange. Gulbahar a certainement collaboré. Voilà ce que les gens murmuraient. Dans le creux des silences embarrassés, elle a alors compris qu'ils ne la voyaient plus comme une victime mais sûrement comme l'un de ces Ouïghours chargés d'espionner. Une traîtresse infiltrée au milieu des siens.

Le contexte ne jouait pas en sa faveur : plus le rouleau compresseur chinois avançait, plus la psychose s'emparait des diasporas. Loin de ralentir sa course, la Chine poursuivait au Xinjiang sa rééducation massive. À l'extérieur, elle continuait d'intriguer pour faire taire les voix susceptibles de contrarier son projet. Ainsi, en avril 2020, un premier coup magistral était porté à la crédibilité du Conseil des droits de l'homme avec la nomination du Chinois Jiang Duan au rang d'un comité chargé de désigner une partie des experts. Puis un second, au mois d'octobre, quand la Chine se voit élue parmi les États membres du Conseil pour un mandat de trois ans[1]. Entre-temps, des révélations en cascade tombaient, dénonçant le travail forcé de prisonniers ouïghours dans

1. « ONU : le Conseil des droits de l'homme accueille la Chine », *La Croix*, 14 octobre 2020.

des usines sous-traitantes de dizaines de marques mondiales[1]. Les États-Unis et l'Europe demandent à ce que, enfin, des délégations internationales puissent accéder au Xinjiang. Mais la Chine ignore ou refuse. Désormais, la Chine, ce funeste vainqueur des pays ayant recours à la peine de mort, la Chine qui enferme les Ouïghours dans des camps, les rééduque, les soumet au travail forcé et les torture, cette Chine-là fait partie des pays façonneurs de règles en matière de droits de l'homme.

Écœurée, blessée, mais patiente, Gulbahar s'est tout de même accommodée de la méfiance de ses amis. « Si c'est le prix à payer pour être vivante et libre… », dit-elle. Sa résilience, celle-là même qui l'a aidée à ne pas sombrer dans les camps, lui vient en aide lorsqu'elle s'aperçoit, nostalgique, que sa vie actuelle n'a plus rien à voir avec sa vie d'autrefois. Jamais plus elle ne sera la même Gulbahar. Les souvenirs des camps continuent de jaillir dans sa mémoire fracturée. Tout son corps, toute son âme en sont encore imprégnés. Aussi ne rougira-t-elle jamais d'avoir été libérée. Et si, un jour, ceux qui se sont éloignés d'elle lui demandent ce qu'il s'est passé au Xinjiang, elle leur racontera le chaos qui gagne l'âme au fil des interrogatoires. L'indifférence qui pénètre tout votre être à mesure qu'on vous rééduque. La mémoire qui flanche. La façon dont vous devenez étranger à vous-

1. Le 2 mars 2020, un rapport de l'Institut australien de stratégie politique (ASPI) épingle plus de 80 marques mondiales dans les secteurs de la technologie, des transports et du textile. Parmi elles, on compte Apple, Samsung, Nike, Adidas et BMW. Le français Alstom est aussi cité. Toutes sont soupçonnées d'avoir eu recours au travail de plus de 80 000 prisonniers ouïghours, transférés du Xinjiang vers des usines de leurs chaînes d'approvisionnement en Chine entre 2017 et 2019.

même. L'angoisse des nuits sous la lumière, transpercées par des cris de femmes au loin. Le claquement des portes de cellules qui absorbe les sanglots étouffés. Les amies tombées sous les coups de la police. Elle leur confiera que, comme Rebiya Kadeer, elle a été forcée de prononcer des aveux devant une caméra et qu'un jour, pour décrédibiliser son témoignage, les autorités du Xinjiang diffuseront sûrement la vidéo sur les réseaux sociaux. Elle pardonnera sans hésiter à ses amis d'avoir douté de sa sincérité car, elle le sait, dans sa folie répressive, la Chine n'épargne aucun Ouïghour.

Remerciements

Ce livre doit beaucoup à Gulhumar, la fille de Gulbahar, qui jamais, pendant les deux ans et demi de détention de celle-ci, n'abandonna le combat pour la faire libérer du Goulag chinois. Elle, l'héroïne dans l'ombre de ce témoignage, s'est faite le trait d'union entre Gulbahar et moi-même, traduisant avec minutie tous nos échanges sur le canapé blanc de Boulogne.

Pour le précieux regard qu'elle a porté sur cet ouvrage ainsi que ses conseils, merci à Jeanne Pham Tran, notre éditrice aux Éditions des Équateurs, qui suit la question des Ouïghours depuis des années.

Pour leur soutien, leurs conseils et leurs relectures enthousiastes et avisées, merci, enfin, à ma famille, ainsi qu'à Delphine, Mehdi, Romain et Xavier.

Rozenn Morgat.

Table

Mise en pages : “ Rue des Malassis ”.
rue.des.malassis@free.fr

Achevé d'imprimer sur Roto-Page
par l'Imprimerie Floch à Mayenne
en décembre 2020.
Numéro d'imprimeur : 97503.

Imprimé en France.